21 世纪立体化高职高专规划教材·财经系列

U0824215

新编基础会计
（第 2 版）

周艳艳　顾爱春　刘　颖　主　编
马　力　肖艳红　王国清　副主编
孙　杰　主　审

電子工業出版社
Publishing House of Electronics Industry
北京·BEIJING

内容简介

本书以《中华人民共和国会计法》及2006年新颁布的《企业会计准则》为主要编写依据，在编写过程中借鉴了大量同类教材，走访了多家企业。本书共有10个单元：了解会计职业；理解会计要素，建立会计等式；开设会计账户，运用借贷记账法；核算企业主要经营过程的经济业务；填制和审核会计凭证；设置和登记会计账簿；组织和开展财产清查；编制和报送财务报告；应用会计账务处理程序；会计档案。

本书结构合理，难易适中，既适合作为各类高等职业院校、成人院校会计及相关专业的教材，也可供企业会计从业人员及各类自学考生参考。

图书在版编目（CIP）数据

新编基础会计／周艳艳，顾爱春，刘颖主编．--2版．--北京：电子工业出版社，2014.9
21世纪立体化高职高专规划教材．财经系列
ISBN 978-7-121-24205-2

Ⅰ.①新…　Ⅱ.①周…　②顾…　③刘…　Ⅲ.①会计学-高等职业教育-教材　Ⅳ.①F230

中国版本图书馆CIP数据核字（2014）第199929号

策划编辑：贾瑞敏　张思博
责任编辑：贾瑞敏　　　　特约编辑：许振伍
印　　刷：三河市鑫金马印装有限公司
装　　订：三河市鑫金马印装有限公司
出版发行：电子工业出版社
　　　　　北京市海淀区万寿路173信箱　邮编100036
开　　本：787×1 092　1/16　印张：14　字数：350千字
版　　次：2009年3月第1版
　　　　　2014年9月第2版
印　　次：2014年9月第1次印刷
印　　数：3 000册　定价：32.00元

凡所购买电子工业出版社图书有缺损问题，请向购买书店调换。若书店售缺，请与本社发行部联系，联系及邮购电话：（010）88254888。

质量投诉请发邮件至 zlts@phei.com.cn，盗版侵权举报请发邮件至 dbqq@phei.com.cn。

服务热线：（010）88258888。

第2版前言

会计工作是经济管理工作的重要组成部分,经济越发达,会计越重要。随着我国经济的快速发展,会计制度的改革和发展也取得了丰硕的成果。随着一项基本会计准则、38项具体会计准则的制定及修订工作的完成及实施,要求我们必须对会计教学内容进行及时更新,这就使教材的建设与更新成为一项重要的工作。因此,我们在长期积累教学经验的基础上,吸收了会计教学的最新研究成果,并以新的《企业会计准则》为依据,编写了基本知识和基本核算方法。本书的编写遵循高职教育"以就业为导向,以能力为本位,以实践为中心,以获得职业资格证书为标志,以促进学生的职业生涯发展为最终目标"的原则,按照着重掌握会计基本实用技能的指导方针来安排教材的结构和内容,结构合理,难易适中,易于操作。

本书具有以下特点。

1. 本书结合高职高专的教育特点和教学要求,以最新的《企业会计准则》、《企业财务通则》和《企业财务报告条例》为依据,力求结构和内容贴近实际,简洁明了,体现了实用性、通用性和可操作性,学生易于接受。

2. 本书中有大量详细演示的例题,并专门配备了习题集、实训集,有利于学生更好地掌握理论知识,提高实践能力。

3. 本书体例新颖,每单元前都有导入性的内容,又加入了"即问即答"等板块,以增加学生的学习兴趣。

4. 本书的编者均是教学和科研第一线的"双师型"骨干教师,具有丰富的教学和实践工作经验。

本书由江苏联合学院淮安生物工程分院周艳艳、丽水职业技术学院顾爱春、吉林电子信息职业技术学院刘颖担任主编;由江苏联合学院淮安生物工程分院马力、广东省普宁职业技术学校肖艳红、北京农职院清河分院王国清担任副主编;由江苏联合学院淮安生物工程分院孙杰担任主审;参与编写的还有广东女子职业技术学院汤燕、衡水职业技术学院蒋春雷、北京农职院清河分院张晓红。全书由孙杰、周艳艳负责全书篇章架构,并统筹定稿,具体分工为:周艳艳编写第一单元、第二单元;顾爱春编写第四单元;马力编写第六单元;刘颖编写第五单元;王国清编写第七单元;肖艳红编写第八单元;汤燕编写第三单元;蒋春雷编写第九单元;张晓红编写第十单元。

本书在编写过程中,参阅了大量的著作和文献,并走访了多家企业,得到了多家企业财务人员的支持和帮助,在此一并表示感谢!

由于编者水平所限,书中难免有错漏之处,恳请广大读者批评指正,以便再版时修正完善。

编　者

第1版前言

会计工作是经济管理工作的重要组成部分。经济越发展,会计越重要。随着我国经济的快速发展,会计制度的改革和发展也取得了丰硕的成果。随着一项基本会计准则、38 项具体会计准则的制定或修订工作的完成及实施,要求我们必须对会计教学内容进行及时更新,从而使得教材的建设与更新成为一项重要的工作。因此,我们在积累长期教学经验的基础上,吸收了会计教学的最新研究成果,并以新的《企业会计准则》为依据,编写成了本教材。本书是会计专业和经济类专业的专业基础课,其核心内容是会计的基本原理、基本知识和基本核算方法。本书遵循高职教育"以就业为导向,以能力为本位,以实践为中心,以获得职业资格证书为标志,以促进学生的职业生涯发展为最终目标"的原则,突出应用性、实践性,通俗易懂,结构严谨。本书是学习财务会计等课程的基础。

本书主要有以下一些特点。

1. 内容新颖,选材适度

本书以《中华人民共和国会计法》、《企业财务会计报告条例》、《企业会计准则》和《企业会计制度》为依据,所举实例均为最新的、规范的会计处理方法,并紧密联系会计工作实际,难易适中,详略得当。

2. 实用性强,便于自学

本书着重突出实用性。在语言表达上,力求通俗易懂、言简意赅;会计核算过程条理清晰、循序渐进,更便于学生自学。

3. 体例新颖

本书的每一章前都有导入性的内容,并在各章节中加入即问即答内容,以增加学生的学习兴趣。

4. 作者经验丰富

本书的作者均是位于教学和科研第一线的"双师型"骨干教师,具有丰富的教学和实践工作经验。

5. 适用面广

本书适合各类高等职业院校、成人院校和中等职业学校的会计及其他相关专业学生使前言用,也可供企业会计从业人员及各类自学考生使用。

本书由江苏联合学院淮安生物工程分院孙杰、马力、周艳艳,浙江丽水职业技术学院顾爱春,广东交通职业技术学院贺胜军,山西煤炭职业技术学院姚美英,天津开发区职业技术学院李雪、杨倩共同编写。具体各章的编写分工为:孙杰编写第 1 章和第 2 章;贺胜军编写第 3 章和第 4 章;顾爱春编写第 5 章和第 6 章;马力编写第 7 章;李雪编写第 8 章;姚美英编写第 9 章;杨倩编写第 10 章;周艳艳编写第 11 章。全书由孙杰提出编写大纲,并负责全书初稿的修改和最终的统稿、定稿等工作,马力、周艳艳负责全书文字的校对、修改和润色工作。

本书在编写过程中参阅了大量同类教材,走访了多家企业,并得到了多家企业和其他老师的支持和帮助,特别是得到了出版社老师的大力支持与帮助,在此一并表示感谢!

尽管我们为编写此书付出了很大努力,但由于我们的理论水平和实践经验有限,加之时间仓促,书中难免有错漏之处,恳请广大读者批评指正,以便再版时对本书进行修正和完善。

编　者

目　　录

第一单元

了解会计职业

学习目标

- 了解会计产生和发展的历史。
- 理解会计的职能和目标。
- 掌握会计的概念和对象。
- 掌握会计的基本前提、会计基础和一般原则。
- 熟悉会计核算的方法。

引导案例

小李有一个表姐从事会计工作,在她的推荐下,今年升学小李选择了会计专业。小李一直认为当会计就是收收钱、算算账,看起来也没有什么太难的,似乎不用专门花几年的时间去学习。因此进校后他一直在想:什么是会计,会计在一个企业中到底能起什么样的作用,要想做好会计工作有什么要求,平时会计工作主要干什么事情,是不是就是收钱发钱,记记流水账之类的。带着这些疑问,他开始了基础会计课程的学习。

项目一　了解会计

一、会计的产生与发展

会计是生产力和生产关系发展到一定阶段的产物,是基于管理经济活动的客观需要而产生的,并随着生产力和管理科学的发展而发展。

(一)会计的产生

会计作为一种经济管理活动,是经济管理的重要组成部分。人类要生存,社会要发展,就要进行物质资料的生产,要对取得的劳动成果与发生的劳动耗费进行记录、计算、比较和分析,于是便产生了会计。

会计作为一项记录、计算和考核收支的工作,最初只是作为生产职能的附带部分,即在生产时间之外由有关人员附带地把收支记载下来。只有当社会生产力发展到一定的水平，出现剩余产品以后，会计工作才由专门的工作人员承担，对生产活动进行观察、计量、计算和登记，借助一定的方式和方法把生产过程中的有关数据记录下来。因此，只有在出现剩余产品以后，才可能有真正意义上的会计。会计作为人类对生产活动进行管理的客观需要，是在生产力发展到一定阶段才产生的。

（二）会计的发展

生产力是不断发展的，会计也必将随着生产力的发展而发展。会计的发展，一方面是指会计所包括的内容和其运用的方法，从简单到复杂、从低级到高级、从不完善到完善的发展变化过程；另一方面是指随着生产力的发展，会计作为经济管理的重要组成部分，其作用越来越重要。

1. 我国会计的发展

我国早在西周时期就出现了“会计”一词。《周礼·天官》篇中指出：“会计，以参互考日成，以月要考月成，以岁会考岁成。”这里“日成”、“月要”、“岁会”均属报告文书，相当于现在的财务报表的作用。可见，我国在西周时期会计方法已有相当成就。

自春秋战国时期至秦代，出现了“籍书”或称“簿书”，用“入”、“出”作为记录符号来反映各种经济收支事项。这种“簿书”就是现在会计账簿的雏形。

唐、宋两代，随着经济的发展，我国会计方法又有了新的发展，创建和运用了四柱结算法。所谓“四柱”，即“旧管”、“新收”、“开除”、“实在”，其含义分别相当于现在会计中的“期初结存”、“本期收入”、“本期支出”、“期末结存”。“四柱”之间的关系是：旧管＋新收－开除＝实在，也即现在会计账户中最基本的关系式——期初结存＋本期收入－本期支出＝期末结存。运用四柱结算法编制的报告当时称为四柱清册。四柱结算法开始主要运用于官厅之中，后来也逐渐运用于民间商业活动之中。

明末清初，我国会计工作者结合四柱结算法和当时官厅会计，设计出了一套既简单又明了的适用于民间商业核算的会计核算方法——龙门账。龙门账将民间商业中的全部经济事项，按其性质、渠道，科学地分为“进”、“缴”、“存”、“该”四大类，分别设立账目进行核算。所谓“进”是指全部收入；“缴”是指全部支出；“存”是指财产及债权；“该”是指“欠”，即现在所说的负债。“进”与“缴”相比得到盈或亏；“存”与“该”相比得到业主净资产（业主权益）。年终结算时，要求当年的盈亏与当年净资产相平衡，即“进”－“缴”＝“存”－“该”，以便验证全年中账目处理的正确性。这一平衡过程被民间形象地称为“合龙门”。可见，龙门账中的“进”、“缴”、“存”、“该”及其相互平衡关系已与现代会计中的收入、费用、资产、权益等会计要素及会计恒等式非常相似。

生产力的发展、经济的发展决定了会计的发展，我国繁荣的封建社会孕育了我国古代灿烂的会计文化，为世界会计的发展作出了重大贡献。

2. 西方会计的发展

西方的会计发展也有着悠久的历史。14 世纪中叶，意大利商业、金融业非常发达，繁荣的商业、金融业为会计方法的创新准备了十分有利的前提条件，促使意大利金融业者将使用多年的人名账户发展成为有组织的复式簿记。1494 年，意大利数学家卢卡·巴其阿勒

(Luca Pacioli)所著的《算术、几何与比例概要》一书出版,从而结束了古代会计时期。16世纪和17世纪,不仅意大利,而且在德国、荷兰、英国均有人著书,使这种意大利复式簿记法传遍了整个欧洲。18世纪60年代开始,西方国家先后发生了工业革命,工业革命促进了社会生产力的巨大进步,也促进了管理科学的发展,这对会计的发展起到了巨大的推动作用。

20世纪四五十年代,西方资本主义国家生产力发展迅猛,跨国公司大量涌现,企业间竞争空前激烈。企业的生存、发展除了要不断开拓海外市场外,还要不断改善企业内部管理,做好企业预测、决策和内部生产经营的控制工作。传统会计为了适应这种管理上的需要,其内部发生了分化,产生了财务会计和管理会计。

进入20世纪六七十年代,电子计算机的广泛应用和国际资本的大量流动对会计产生了深远的影响。于是出现了会计的电算化,传统的会计工艺(手工或机械的簿记)发生了革命性的变化。会计电算化为会计人员节约了大量的日常工作时间,使会计人员能腾出时间来从事分析复杂经济业务、解释财务报表等财务分析工作,提高了会计信息的使用效益。

会计发展的历史说明,会计是由于生产力的发展、管理经济的需要而产生的,即"经济越发展,会计越重要"。

二、会计的概念

会计是以货币作为主要计量单位,运用一定的程序和方法,对特定主体的经济活动进行全面、连续、系统的核算和监督,旨在向有关方面提供会计信息的一项管理活动,是经济管理活动的重要组成部分。会计是伴随着人们的生产实践而产生、发展并不断完善起来的。

会计的主要特点如下。

(一)会计以货币为主要计量单位

会计从数量方面反映经济活动,可以采用实物量度、劳动量度和货币量度。这三者中只有货币量度具有综合的特性,采用货币量度能对经济活动的各个方面进行全面的反映,并且可以进行加总等处理;如果采用实物量度,则不同的物资不能用来加总处理,如1吨大米和1吨钢材加在一起就没有意义;采用劳动量度也有一定的局限性,只能用来确定某一工作过程中的劳动耗费。当然,货币量度是以实物量度和劳动量度为基础的,在以货币为主要计量单位的同时,必要时还需辅以劳动量度和实物量度。

(二)会计核算具有完整性、连续性和系统性

完整性是指对所有的会计事项都要进行确认、计量、记录和报告,不能有遗漏;连续性是指对会计事项的确认、计量、记录和报告都应按业务发生的时间先后顺序依次进行相应处理,不能中断;系统性是指会计提供的数据资料应采用一定的方法有序反映,不能杂乱无章。只有完整、连续和系统地反映经济业务,会计才能发挥其应有的作用。

(三)会计核算应以真实、合法的会计凭证为依据

会计主要是对已经发生的经济业务进行反映,为此,在每项经济业务发生或完成后,都必须取得或填制会计凭证并进行审核,以保证业务的真实性。只有审核无误的会计凭证,才

能作为会计核算的依据。因而，会计提供的信息具有可验证性。

三、会计的职能与目标

（一）会计的职能

会计的职能是指会计在经济管理过程中所具有的功能。生产力发展水平和经营管理水平的高低，对会计的职能具有决定性的影响。例如，在生产力水平较低下的时代，会计的主要功能在于简单的计量、记录，以反映为主；而在生产力水平较发达、管理水平较高的今天，记账、算账、报账已不能满足经济管理的需要，发挥会计的经济监督作用便成为会计的一项重要功能。会计的基本职能包括以下2个方面。

1. 会计的核算职能

核算职能贯穿于经济活动的全过程，是会计最基本的职能，也称反映职能。它是指会计以货币为主要计量单位，通过确认、计量、记录、报告等环节，对特定主体的经济活动进行记账、算账、报账，为各有关方面提供会计信息的功能。记账就是对一个会计主体所发生的全部经济业务，运用一定的程序和方法在账簿上予以记载；算账就是在记账的基础上，运用一定的程序和方法来计算该主体在生产经营过程中的资产、负债、所有者权益、收入、成本、费用及损益情况；报账就是在记账和算账的基础上，通过编制会计报表等方式将该会计主体的财务状况和经营成果向会计信息使用者报出。会计核算是会计管理工作的起点和基础，记账、算账、报账是会计核算的主要形式。

会计工作不仅是记录已发生的经济业务，还应面向未来，为各个单位的经济决策和控制提供依据。随着物质条件的改善，会计核算也会逐步改变其表现方式。计算机引入会计领域，极大地增强了会计获取、传递各种信息的能力，使会计信息更加及时、准确，从而满足多方面、多层次信息使用者的需要。

根据《会计法》的规定，特定主体会计核算的主要内容是：款项和有价证券的收付；财物的收发、增减和使用；债权债务的发生和结算；资本、基金的增减；收入、支出、费用成本的计算；财务成果的计算和处理；其他需要办理会计手续，进行会计核算的事项。会计核算的要求是真实、准确、完整、及时。

确认是运用特定会计方法，以文字和金额同时描述某一交易或事项，使其金额反映在特定主体财务报表的合计数中的会计程序。确认分为初始确认和后续确认。

计量是确定会计确认中用以描述某一交易或事项的金额的会计程序。

记录是指对特定主体的经济活动采用一定的记账方法，在账簿中进行登记的会计程序。

报告是指在确认、计量和记录的基础上，对特定主体的财务状况、经营成果和现金流量情况（行政事业单位是对其经费收入、经费支出、经费结存及财务状况），以财务报表的形式向有关方面报告。

2. 会计的监督职能

会计监督职能也称控制职能，是指会计人员在进行会计核算的同时，对特定主体的经济活动和相关会计核算的合法性、合理性进行审查，即以一定的标准和要求利用会计核算职能所提供的信息，对各单位的经济活动进行有效的指导、控制和调节，以达到预期的目的。会计监督的内容主要包括3个方面：一是监督经济业务的真实性；二是监督经济业务的合法性；三是监督公共财产的完整性。会计监督是一个过程，分为事前监督、事中监督和事后监督。

事前监督，是指会计部门在参与制订计划和预算时，依据有关政策、法规、制度和经济活动的一般规律，对各项经济活动的合法性、可行性、合理性和有效性进行审查；事中监督，是指在日常会计工作中，对已发现的问题提出建议，使其按既定目标和要求进行；事后监督，是指以既定目标为准绳，通过对已取得会计资料的分析，借以考核和评价企业的经济活动。

会计监督职能要求会计人员在进行会计核算的同时，也要对特定主体经济业务的合法性、合理性进行审查。合法性审查是指保证各项经济业务符合国家有关法律法规，遵守财经纪律，执行国家有关方针政策，杜绝违法乱纪行为；合理性审查是指检查各项财务收支是否符合特定主体的财务收支计划，是否有利于预算目标的实现，是否有奢侈浪费行为，是否有违背内部控制制度要求等现象，为增收节支、提高经济效益严格把关。

会计的核算职能和监督职能是紧密结合、相辅相成的，同时又是辩证统一的。会计核算是会计监督的基础，没有核算提供的各种信息，监督就失去了依据。会计监督是会计核算的质量保障，只有核算而没有监督，则难以保证核算提供信息的真实性、可靠性。

随着生产力水平的日益提高、社会经济关系的日益复杂化，会计的作用越来越重要，其职能也在不断丰富和发展。除上述基本职能外，会计还具有预测经济前景、参与经济决策、评价经营业绩等职能。这些扩展职能都是建立在基本职能基础上的，有的也可看成是监督职能的延伸。

通过了解会计的基本职能及特点，可以看出会计在经济管理中的特殊作用，即会计是为决策者提供信息，并利用这些信息对经济活动进行监督的一种活动，目的就是提高经济效益。但这种管理活动又区别于其他管理，如生产管理、物资管理、劳动管理等。会计不直接处理供产销、人财物等业务工作，而是处理能用货币反映的这些业务活动的信息。

（二）会计的目标

会计的目标是指会计人员通过会计实践活动，期望达到的结果。会计目标是检查会计工作的标准和依据。会计工作是一种主观的、有目的的管理活动。会计目标的确定，使人们不仅可以合理选择自己的行动方式，而且还可以预测行动的后果。但因为会计管理活动是经济发展的产物，其会计目标必然受社会环境和经济条件的制约，如经济体制、法律、政治等因素的影响。在人类社会中，由于存在着物质资源的有限性和社会需要的无限性之间的矛盾，客观上要求节约使用劳动资源和合理分配劳动资料。这就决定了会计必须对经济活动过程进行计量与计算，对计量与计算的结果进行分析、对比，挖掘节约劳动时间的潜力，提出合理配置劳动资源的方案，提高经济效益。因此，讲求和提高经济效益是会计的总目标，它与经济管理的总目标是一致的。

会计的具体目标应当满足会计信息使用者对会计信息的要求。会计的基本目的是向企业的外部利害关系人提供与其相关的经济信息。这是会计目标中的最重要的目标。会计信息的作用主要表现在以下3个方面。

① 能为政府部门制定并实施包括财政政策、税收政策、货币政策、产业政策等在内的各

项经济政策提供重要的基础信息，以便国家加强宏观调控，合理配置资源，促进生产与需求的协调。同时也是国家对企业经济活动的合法性、合规性进行监督的主要手段。

② 能为企业加强财产、成本、费用、产品质量等内部管理工作提供直接的有关决策方面的信息，有助于企业制定筹资、投资、生产、销售、技术创新等企业发展战略。

③ 能为投资者、债权人、商业客户的经营决策提供充分的信息，有助于投资者做出投资决策，债权人做出借款决策，商业客户做出商业决策，降低经营决策的风险。

确定会计目标要解决3个问题：一是谁是会计信息的使用者；二是会计信息使用者需要什么样的会计信息；三是如何提供这些会计信息。

1. 会计信息使用者

会计信息使用者包括内部信息使用者和外部信息使用者2类，主要有企业内部管理人员、国家管理机关、投资人与潜在投资者、债权人、金融机构、社会公众等。

2. 会计信息的内容

会计信息是由会计工作者提供的，有助于经济管理与经济决策的一种经济信息。提供和输出会计信息是会计管理的基本活动。各个阶层和各个部门都要利用会计工作者所提供的信息，从不同的角度去关心自己的经济利益。会计信息是信息使用者共同利用的一种特殊“语言”。

会计信息的内容主要取决于信息使用者的要求，一般可以分为2种类型的会计信息。一种是用来进行决策的信息，称为决策相关性信息，如企业的财务状况和经营成果、偿债能力、权益比例、资金周转情况及经济效益等情况。信息使用者利用提供的这类会计信息进行分析、对比，就可以做出是对该经济单位继续投资还是提前收回投资，是扩大还是缩小与该单位的经济往来，是增加贷款还是提前收回贷款，以及是否需要对该经济单位提供税收上的优惠，是否需要调整对企业的资源配置等决策。另一种是用来考核、检查受托经营责任履行情况，了解经济单位经营目标完成效果的会计信息，称为目标相关性信息，如企业财务预算完成情况、成本降低指标完成情况、利润目标的实现情况、费用预算执行情况等会计信息。信息使用者通过对这些信息的分析、对比，可以评价经济单位的受托责任和经营目标的完成情况。

根据会计信息使用者对会计信息的具体要求，会计工作应达到的目标可以归纳为以下几个方面。

① 提供人力、物力、财力资源利用和消耗状况的会计资料，并监督资源合理配置。

② 提供企业财务收支现状、经营成果现状、盈利能力、偿债能力、变现能力等会计信息，提供企业经营责任履行情况的会计信息。

③ 提供经济单位在执行国家财政、税务、会计法规、财务政策以及遵守财经纪律等方面的会计信息，并监督经济单位执行国家有关政策。

④ 提供资本保值、增值的会计信息。

3. 会计信息的表达形式

凡是对外提供的会计信息，必须以《会计法》、《企业会计准则》、《企业会计制度》为依据，按照一定的标准和会计处理程序和方法，对经济业务进行确认、计量、记录和报告，从取得原始凭证，到登记账簿，编制财务报告，并及时报送出去，以满足相关使用者的需要。编制和输出财务报告，是外部信息使用者了解会计信息的最主要的途径。财务报告的填报项目和排列及报送时间要有助于使用者准确而及时地了解到他们所需要的信息。按照规定格式和内容填报的财务报告，能供各个相关不同信息使用者使用。

企业单位的管理当局对内管理所需要的会计信息，除了对外报送的财务报告中提供的财务信息资料外，还必须根据对内管理的需要，通过编制内部财务报告予以反映。内部财务报告可以结合自身需要设置不同的格式。

四、会计的对象

会计的对象是指会计核算和监督的内容。由于不同单位的性质不同，如企业与行政事业单位，其经济活动的具体内容不同，会计对象的具体表现形式也不一样，有着各自的特点。会计的对象一般可分为企业单位的会计对象和非营利组织的会计对象2类。

（一）会计的一般对象

一般地，会计对象是企业、行政事业等单位在社会再生产过程中发生的能够用货币表现的经济活动。社会再生产过程中有些经济活动是不能用价值形式来表现的，如企业的经营战略、科研创新能力、市场竞争力等。因而，会计并不能核算和监督社会再生产过程中的全部经济活动，只能核算和监督社会再生产中能够用货币表现的经济活动。

社会再生产过程是由生产、交换、分配和消费4个相互关联的环节组成的。生产环节是指人们利用其设备对劳动对象进行加工并生产出物质产品的过程；交换环节是指产品由生产领域经流通领域到分配领域的过程；分配环节是指生产中创造的国民收入在国家、投资者、劳动者等之间进行分配的过程；消费环节是指在上述各环节中各种人力、物力、财力的消耗。社会再生产过程是通过各企业、行政事业单位的经济活动和财务收支活动进行的。这些再生产过程中的经济活动和财务收支活动，在实际工作中表现为不同类型的企业和行政事业单位的经济业务。因此，会计的对象可描述为企业、行政事业单位在社会再生产过程中能够用货币表现的经济活动，也就是会计所要核算和监督的内容，即会计的一般对象。

（二）企业单位的会计对象

1. 制造业企业的会计对象

制造业企业的经济活动一般分为资金投入、资金运用和资金退出3个基本环节。制造业企业对投入资金的使用称为资金运用。任何企业单位从事经营活动，都必须拥有一定的资金。财产物资（含货币本身）的货币表现，称为资金。投入企业的资金必须用于建造厂房，购置设备、原材料等，为产品生产进行物资准备，即企业的供应过程。企业的劳动者借助一定的劳动手段对劳动对象进行加工，企业支付职工工资和生产经营中必要的开支后，实现生产要素的有机结合，最终生产出产品，即生产过程。企业出售生产的产品，一方面取得一定的营业收入，另一方面将收入与为取得收入而发生的成本费用进行比较，从而计算、确认企业的经营成果，构成企业的销售过程。企业对取得的利润，按照国家政策和企业的规章制度进行分配，其中一部分留在企业，用于以丰补歉和企业的扩大再生产，另一部分则通过上交税金、分配投资者利润等形式退出企业，形成资金退出环节。

在上述3个基本环节中，一方面表现为企业各项财产物资的增减变动、成本费用的发生、企业收入的取得及利润的形成和分配等各种经济活动；另一方面也表现为企业资金形态的不断变化，即由货币资金转化为固定资金、储备资金，再转化为在产品资金、产成品资金，最后又转换为货币资金。资金运动从货币资金形态开始，又回到货币资金形态，称为资金的循环，资金的不断循环称为资金周转。

综上所述，制造业企业的资金从货币形态出发，随着供应过程、生产过程和销售过程周而复始地运动着，由此引起的各种业务也呈现规律性的变化。这些经济业务及其引起的资金循环和周转，都是会计核算和监督的内容。因此，制造业企业的会计对象是指在企业生产经营过程中发生的，能够用货币表现的各种经济业务。

2. 商品流通企业的会计对象

商品流通企业的职能是组织商品流通，把社会产品从生产领域转移到消费领域。商品流通企业的经营过程分为商品购进和商品销售2个过程。在商品购进过程中，主要是采购商品，使货币资金转换为商品资金形态。在销售过程中，主要是销售商品，此时资金由商品资金又转换为货币资金形态。在商品经营过程中，企业取得营业收入和实现经营成果。因此，商品流通企业的资金是沿着“货币资金－商品资金－货币资金”的方式周而复始地运动的。其购销活动中发生的支付工资及经营费用、货款结算、成本计算、上交税金、利润分配等经济业务，都是商品流通企业会计所要核算和监督的内容，即商品流通企业的会计对象。

（三）非营利组织的会计对象

非营利性的行政事业单位为完成各自的任务，同样需要拥有一定数量的资金。这些资金主要是由国家财政拨给，称为预算资金。随着行政事业单位经济活动的进行，这些资金形态也会发生相应的变化，主要表现为预算资金的收支。行政事业单位在正常业务活动中所消耗的人力、物力和财力的货币表现，即为行政费用和业务费用。其资金运动的形式是“资金拨入—资金付出”。与企业单位不同的是，预算资金的支出不形成资金的循环与周转，其支出后即退出单位或形成单位内部的新物资。因此，预算资金收支的核算是行政单位会计核算的主要内容。由于有的事业单位除政府预算拨款外，还可能进行一定的经营活动，因此各类收入、支出和结余是其会计核算的对象。

项目二 明确会计基本前提、会计基础和会计信息质量要求

一、会计基本前提

会计核算的基本前提也称会计核算的基本假设。科学来源于假设，假设是科学研究与科学实践的基础。会计基本假设是企业会计确认、计量和报告的前提，是对会计核算所处时间、空间环境等所作的合理设定。会计作为一个信息系统，其运行需要有一定的空间领域和时间范围，即适当的经济环境。由于在此环境中存在着一些尚未确知及尚未证实的因素，要想建立会计理论的基本框架，不得不对这些不确定因素做出某些合乎逻辑的假定，即会计假

设。会计假设不是科学定律，只是人为的共同认定，并在会计实践中共同遵守。一旦经济、政治及法律环境变迁，基本假设也必然随之改变。我国《企业会计准则》规定，会计基本假设包括会计主体、持续经营、会计分期和货币计量。其中，会计主体假设规定了会计核算的空间界限，持续经营和会计分期假设规定了会计核算的时间界限，而货币计量假设则规定了会计核算的计量单位。会计核算对象的确定、会计政策的选择、会计数据的收集等，都要以这一系列的基本前提为依据。

（一）会计主体

会计主体是指企业会计确认、计量和报告的空间范围。在会计主体假设下，企业应当对其本身发生的交易或事项进行会计确认、计量和报告，反映企业本身所从事的各项生产经营活动。明确界定会计主体是开展会计确认、计量和报告工作的重要前提。

会计主体是一个重要的会计概念，它规范了会计工作的空间范围。开展会计工作，首先应解决为谁工作的问题，即为谁记账、报账、算账。会计所要反映的总是特定主体的经济活动，是该特定主体的财务状况、经营成果和现金流量。

只有明确了会计主体，才能划定会计所要处理的各项交易或事项的范围。在会计核算过程中只有那些影响核算对象本身经济利益的各项交易或事项才能加以确认和计量，其资产和负债的确认、收入的取得、费用的发生等，都是针对特定的会计主体而言的。反之，那些不影响核算对象本身经济利益的各项交易或事项也就不能加以确认和计量。

只有明确了会计主体，才能将会计主体的经济活动与会计主体所有者的经济活动区分开来。对自然人所创办的独资企业或合伙企业，因其不具备法人资格，法律上视企业的资产和负债为业主和合伙人的资产和负债。这样，无论是会计主体的经济活动，还是会计主体所有者的经济活动，最终都会影响所有者的经济利益。但会计核算工作又只涉及会计主体的经济活动，因而这就要求会计核算中必须将企业作为一个会计主体，以便将会计主体的经济活动与会计主体所有者的经济活动区分开来。

会计主体不同于法律主体。一个法律主体通常是一个会计主体，但一个会计主体却不一定是一个法律主体。会计主体可以是营利性的企业，如企业集团、公司、工厂、商场等；或者是非营利性的事业单位，如机关、学校、社会团体等。作为会计主体，其规模性质并无统一标准，但其共同点是必须能够控制经济资源并对此经济资源负法律责任。因此一般而言，会计主体都是进行独立核算的。

（二）持续经营

企业的存在状况分 2 种类型：一是持续经营，二是停业清算。持续经营，是指在可以预见的将来，企业将会按当前的规模和状态继续经营下去，不会停业，也不会大规模削减业务。

在持续经营前提下，会计确认、计量和报告应当以企业持续、正常的生产经营活动为前提。会计核算只有以企业持续、正常的生产经营为前提，才能选择和确定合适的原则和会计核算方法，并保持其相对稳定性。例如，对于企业现有的一项固定资产，在企业持续经营前提下，因为固定资产的购置不是为了出售，而是为了提供其使用价值，所以在账上只反映其取得时的实际成本，而不考虑其现时市场价值。另外，固定资产的价值在其有效使用期限内按期计提折旧并摊入成本费用中，也基于持续经营这一前提，否则固定资产折旧便失去理论基础。再如，对于企业负债，若无持续经营前提，也就无所谓短期负债与长期负债之分，全变成需要及时清偿的了。因此，只有以持续经营为前提，才能保持会计核算方法的稳定性和一致性，也才能向会计信息使用者提供客观、真实、可靠的会计信息。

在激烈的市场竞争中，任何企业都面临经营失败的风险。如果有迹象表明某一会计主体已不再能履行它所承担的义务而难以持续经营下去了，则这一假设便不再成立，所有以此假设为基础的会计理论和会计原则将不再适用。在这种情形下，如果企业仍按持续经营基本假设选择会计确认、计量和报告原则与方法，就不能客观地反映企业的财务状况、经营成果和现金流量，会误导会计信息使用者的经济决策。因此，企业需要定期对其持续经营基本前提做出分析和判断。

（三）会计分期

对于持续经营型企业而言，其经济活动在时间上是持续不断的，其财务状况与经营成果也只有在停止营业之时才能准确地确定。但是，企业所有者、债权人、主管部门、税务机关等与企业有利害关系的各种权利主体和利益主体，不仅要按一定的时间段来检查、监督、评价企业的生产经营活动，以便改善企业经营管理，而且要按一定时间段来参与企业的分配，获取正当的收益。另外，国家也要把企业的生产经营活动纳入国民经济计划年度和财政年度。为此，需要划分会计期间。会计分期是指将一个企业持续经营的生产经营活动划分为一个个连续的、长短相同的期间。会计分期的目的在于通过会计期间的划分，将持续经营的生产经营活动分成连续、相等的期间，据以结算盈亏，按期编报财务报告，从而及时向财务报告使用者提供有关企业财务状况、经营成果和现金流量的信息。会计期间通常分为年度和中期。以1年为一个会计期间的称为会计年度。我国会计准则规定以日历年度作为企业的会计年度。为了能及时提供会计信息，满足各方对会计信息的需求，会计期间还可按月、季、半年度划分，进而按月、季、半年度核算，编制财务报告。月度、季度、半年度均称为会计中期。

会计期间的划分对于确定会计核算程序和方法具有极为重要的作用。会计分期假设是持续经营假设的必要补充，体现了事物发展连续性与阶段性的统一。由于会计分期，才产生了当期与以前期间、以后期间的差别，才使不同类型的会计主体有了记账的基准，进而出现了折旧、摊销等会计处理方法。

（四）货币计量

货币计量是指会计主体在财务会计确认、计量和报告时以货币计量，反映会计主体的生产经营活动。

会计人员在进行会计确认、计量和报告时必须要有计量单位。在商品经济条件下，最适合作会计计量单位的莫过于货币，这是由货币本身的属性所决定的。货币是商品的一般等价物，是衡量一般商品价值的共同尺度，具有价值尺度、流通手段、储藏手段和支付手段等特点，有着其他任何计量单位都无可比拟的优点。货币作为计量单位确定以后，还要确定记账本位币。我国《会计法》规定，会计核算应以人民币作为记账本位币；对收支业务以人民币以外的货币为主的企业，也可选定其中一种作为记账本位币，但在编制财务报告时应折算成人民币反映；在境外设立的中国企业向国内报送财务报告时，也应当折算为人民币。

当然，事物总是有其正反两面的。会计确认、计量和报告统一采用货币量度也有缺陷。

因为并非所有影响企业财务状况和经营成果的因素都能用货币来计量，如企业的经营战略、职工素质、产品质量水平、技术开发能力等。因此，为弥补货币计量的局限性，企业在编制财务报告时，还需采用一些非货币性指标作为补充说明。

二、会计基础

根据《企业会计准则——基本准则》的规定，会计确认、计量和报告的基础是权责发生制。

权责发生制又称应收应付制，是指企业的会计核算应当以经济利益和经济责任的发生为标准来确定收入和费用的归属期。具体地说，凡是当期已经实现的收入和已经发生或应当负担的费用，不论款项是否收付，都应作为当期的收入和费用；凡是不属于当期的收入和费用，即使款项已经在当期收付，都不应作为当期的收入和费用。权责发生制的核心是根据权责的实际发生和影响期间来确认企业的收入和费用。

同权责发生制相对应的收付实现制，也称现金制。它是以款项实际收付为标准来确定收入和费用的归属期间。目前，我国的行政单位会计采用收付实现制，企业单位会计采用权责发生制。

三、会计信息质量要求

会计信息质量要求是对企业财务会计报告中所提供会计信息质量的基本要求，是使财务报告中所提供会计信息对投资者等使用者决策有用应具备的基本特征，包括客观性、相关性、可理解性、可比性、实质重于形式、重要性、谨慎性和及时性。

（一）客观性

客观性要求企业以实际发生的交易或者事项为依据进行确认、计量和报告，如实反映符合确认和计量要求的各项会计要素及其他相关信息，保证会计信息真实可靠、内容完整。

为了贯彻客观性要求，企业应做到：以实际发生的交易或者事项为依据进行确认、计量和报告，不得根据虚构的、没有发生的或者尚未发生的交易或者事项进行确认、计量和报告；在符合重要性原则的前提下，保证会计信息的完整性，不能随意遗漏或者减少应予披露的信息。

（二）相关性

相关性要求企业提供的会计信息与投资者等财务报告使用者的经济决策需要相关，有助于投资者等财务报告使用者对企业过去、现在或者未来的情况做出评价或者预测。

会计信息质量的相关性要求，需要企业在确认、计量和报告会计信息的过程中，充分考虑使用者的决策模式和信息需要。会计信息是否有用，是否有价值，关键是看其与使用者的决策需要是否相关，是否有助于做出决策或者提高决策水平。相关的会计信息应当能够有助于使用者评价企业过去的决策，证实或者修正过去的有关预测，因而具有反馈价值。相关的会计信息还应当具有预测价值，有助于信息使用者根据财务报告所提供的会计信息预测企业未来的财务状况、经营成果和现金流量。

（三）可理解性

可理解性要求企业提供的会计信息清晰明了，便于投资者等财务报告使用者理解和使用。

企业编制财务报告、提供会计信息的目的在于使用，而要使使用者有效使用会计信息，应当能让其了解会计信息的内涵，弄懂会计信息的内容，这就要求财务报告所提供的会计信息清晰明了、易于理解。只有这样，才能提高会计信息的有用性，实现财务报告的目标，满足向投资者等财务报告使用者提供决策有用信息的要求。

（四）可比性

可比性要求企业提供的会计信息相互可比，主要包括2层含义。

1. 同一企业不同时期可比

为了便于投资者等财务报告使用者了解企业财务状况、经营成果和现金流量的变化趋势，比较企业在不同时期的财务报告信息，全面、客观地评价过去、预测未来，从而做出决策，会计信息质量的可比性要求同一企业不同时期发生的相同或者相似的交易或事项，采用一致的会计政策，不得随意变更；但是，如果确有必要变更，有关会计政策变更的情况应当在附注中予以说明。本条可理解为纵向可比。

2. 不同企业相同会计期间可比

为了便于投资者等财务报告使用者评价不同企业的财务状况、经营成果和现金流量及其变动情况，会计信息质量的可比性要求不同企业同一会计期间发生的相同或者相似的交易或事项，采用规定的会计政策，确保会计信息口径一致、相互可比，以使不同企业按照一致的确认、计量和报告要求提供有关会计信息。本条可理解为横向可比。

（五）实质重于形式

实质重于形式要求企业按照交易或事项的经济实质进行会计确认、计量和报告，不应仅以交易或事项的法律形式为依据。

多数情况下，企业发生的交易或事项的经济实质和法律形式是一致的。但在有些情况下，外在法律形式并不能反映经济实质的内容，所以会计信息不能仅仅根据其法律形式进行核算和反映，必须符合交易或事项的经济实质，否则就会误导会计信息使用者的决策。例如，企业按照销售合同销售商品但又签订了售后回购协议，虽然从法律形式上看实现了收入，但如果企业没有将商品所有权上的主要风险和报酬转移给购货方，没有满足收入确认的各项条件，即使签订了商品销售合同或已将商品交付给购货方，也不应当确认销售收入。

（六）重要性

重要性要求企业提供的会计信息反映与企业财务状况、经营成果和现金流量等有关的所有重要交易或事项。

如果财务报告中提供的会计信息的省略或错报会影响投资者等信息使用者据此做出决

策的，该信息就具有重要性。重要性的应用需要依赖职业判断，企业应当根据其所处环境和实际情况，从项目的质和量2个方面加以判断。从性质方面考虑，只要该会计事项对财务报告使用者的决策有重大影响，就应属于重要事项；从数量方面考虑，只要该会计事项达到总资产的一定比例时，就应确认为重要事项。

（七）谨慎性

谨慎性要求企业对交易或事项进行会计确认、计量和报告时保持应有的谨慎，不应高估资产或收益，低估负债或费用。

在市场经济环境下，企业的生产经营活动面临着许多风险和不确定性。会计信息质量的谨慎性要求，需要企业在面临不确定性因素的情况下做出职业判断时，保持应有的谨慎，充分估计到各种风险和损失，既不高估资产或收益，也不低估负债或费用。

谨慎性也不允许企业设置秘密准备，如果企业故意低估资产或收入，或者故意高估负债或费用，将不符合会计信息的可靠性和相关性要求，损害会计信息质量，扭曲企业实际的财务状况和经营成果，从而对财务报告使用者的决策产生误导。这是违背会计准则的。

（八）及时性

及时性要求企业对于已经发生的交易或事项，及时进行确认、计量和报告，不得提前或延后。

会计信息的价值在于帮助所有者或其他使用者做出经济决策，具有时效性。即使是可靠的、相关的会计信息，如果不及时提供，就失去了时效性，对于使用者的效用就大大降低，甚至不再具有实际意义。在会计确认、计量和报告过程中贯彻及时性，一是要求及时收集会计信息，即在经济交易或事项发生后，及时收集整理各种原始单据或凭证；二是要求及时处理会计信息，即按照会计准则的规定，及时对经济交易或者事项进行确认或计量，并编制财务报告；三是要求及时传递会计信息，即按照国家规定的有关时限，及时地将编制的财务报告传递给财务报告使用者，便于其及时使用和决策。

项目三　会计核算方法

为了实现会计的目标，会计在提供以财务信息为主的经济信息时，有其独特的核算方法。会计核算方法是指会计对经济业务进行连续、系统、全面的记录、计算、反映和日常监督所运用的方法，包括设置账户、复式记账、填制和审核会计凭证、登记账簿、成本计算、财产清查和编制财务报告。

一、设置账户

设置账户是对会计对象的具体内容进行归类、核算和监督的一种专门方法。会计对象的内容是复杂多样的，要对它们进行系统的核算和有效的监督，就必须进行科学的分类，以便取得各种不同性质的核算指标。因此，必须按照经济业务的内容和管理要求，分别设置账户,进行分类登记,以取得经营管理所需要的各方面的核算资料。

二、复式记账

复式记账就是对每笔经济业务,都以相等的金额,同时在2个或2个以上账户中相互联系地进行登记的一种专门方法。复式记账有着明显的特点:它对每项经济业务都必须以相等的金额,在相互关联的2个或2个以上账户中进行登记,使每项经济业务所涉及的2个或2个以上的账户之间产生对应关系;在对应账户中所记录的金额相等;通过账户的对应关系,可以了解经济业务的内容;通过账户的相等关系,可以检查有关经济业务的记录是否正确。复式记账既可以相互联系地反映经济业务的全貌,也便于检查账簿记录是否正确。

三、填制和审核会计凭证

会计凭证是记录经济业务、明确经济责任的书面证明,是记账的依据。填制和审核会计凭证,是为了审查经济业务是否合理、合法,保证登记账簿的会计分录正确、完整而采用的一种专门方法。经济业务是否发生、执行和完成,关键看是否取得或填制了会计凭证。如果已经取得或填制了会计凭证,就证明该项经济业务已经发生或完成。对于已经完成的经济业务,还要经过会计部门、会计人员的严格审核,在保证符合有关法律、制度、规定而又正确无误的前提下,才能据以登记账簿。只有经过审核无误的会计凭证,才能作为记账的依据。填制和审核凭证,不仅为经济管理提供真实可靠的数据资料,也是实行会计监督的重要方法。

四、登记账簿

账簿是用来全面、连续、系统地记录各项经济业务的簿记。它具有一定的结构、格式,是保存会计资料的主要载体之一。登记账簿就是平常所说的记账,就是根据填制和审核无误的会计凭证,在账簿上连续地、系统地、完整地记录交易或事项的一种专门方法。账簿记录的各种核算资料,是编制会计报表的主要依据。

五、成本计算

成本计算是按一定的成本计算对象,对生产经营过程中所发生的成本、费用进行归集,以确定各个对象的总成本和单位成本的一种专门方法。通过成本计算,可以掌握成本构成情况,分析和控制经营过程中所发生的费用是否合理、合法,是否符合经济核算原则,促使企业不断降低产品成本,提高经济效益。

六、财产清查

财产清查是指对企业的各项财产物资、货币资金、债权债务等通过特定的会计手段和方法,检查其账实是否相符的一种专门方法。财产清查是保证会计记录正确性的重要手段。

通过财产清查,可以确定企业财产物资保管的合理性,确定企业债权、债务清偿的及时性,确定企业货币资金保管的安全性等,进而保证会计资料的正确性和真实性,挖掘企业财产物资的使用潜力,加速企业的资金周转。

七、编制财务报告

编制财务报告是定期地以书面报告的形式总括地反映企业单位财务状况、经营成果和现金流量的一种专门方法。编制财务报告,既是对企业日常核算资料的整理和汇总,又是对企业一定期间经济活动的综合反映。通过编制和报送财务报告,可以为信息使用者集中提供主要会计信息,为其决策提供会计资料依据。

上述7种方法相互联系、密切配合,构成一个完整、严密的会计核算体系。任何一项经济业务发生后,会计都需要按制度规定选择所设置的账户,运用复式记账法,填制、审核会计凭证,并在相应的会计账簿中进行登记;期末进行成本计算与财产清查,在保证账证、账账、账实相符的基础上,根据日常账簿记录的结果编制财务报告。在会计核算中,必须正确地运用这些方法。

习惯上,一般将由会计凭证到会计账簿再到财务报告的整个过程称为会计循环。会计循环实质上说明了会计凭证、会计账簿及财务报告间的相互联系,代表了整个会计核算方法循环的最基本、最主要的特征和内容。

会计核算的方法及其关系体系如图1.1所示。

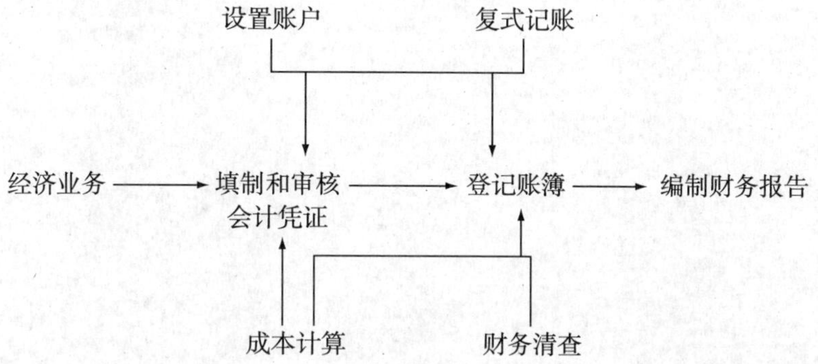

图1.1　会计核算方法及其关系体系

本单元小结

1. 本单元的重点是会计的职能、会计信息的质量要求,难点是对会计核算的基本前提和会计基础的理解。

2. 会计是以货币作为主要计量单位,运用一定的程序和方法,对特定主体的经济活动进行全面、连续、系统的核算和监督,旨在向有关方面提供会计信息的一项管理活动,是经济管理活动的重要组成部分。

3. 会计对象的内容一般指再生产过程中的资金运动。不同单位的资金运动方式及内容是不一样的。

4. 会计核算的基本前提是会计核算工作的前提条件，是会计人员面对变化不定的社会经济环境，对某些不确定因素所做出的假设和推断，是建立和运用会计准则、程序和方法的基础。会计核算的基本前提包括会计主体、持续经营、会计分期、货币计量。

5. 会计核算方法由一系列专门的方法组成，包括设置账户、复式记账、填制和审核会计凭证、登记账簿、成本计算、财产清查和编制财务报告7种方法。为了规范企业会计核算行为，提高会计信息质量，会计核算应该遵守会计原则。

第二单元

理解会计要素，建立会计等式

学习目标

- 理解会计要素，建立会计等式的方案并组织实施。
- 理解资产、负债、所有者权益、收入、费用和利润6个会计要素的定义。
- 掌握有关会计要素的特征。
- 认知会计要素的内容及分类。
- 掌握会计的基本等式。
- 掌握各类经济业务下如何保持会计等式的平衡。

引导案例

小王从某高职院校毕业后应聘到海天股份有限公司上班，今天是他上班的第一天，人事部经理安排小李带他参观公司。他们首先来到了生产车间，只见机器轰鸣，一袋袋的原材料倒入机器，一包包的产品从流水线上穿梭而过，工人们都在不停地忙碌着；然后他们来到了销售科，有好几家企业正在购买产品，运货的小车来来往往，从仓库中将产品装上车辆；他们又随着采购人员来到了会计科，这些采购人员手中拿着各式各样的票据，小王看了一眼，上面写着“转账支票”、“本票”、“商业承兑汇票”等。今天正好是发工资的日子，出纳刚从银行拿来了工资，看到了小李就请他签字取钱，而小王看到一位老同志正在计算机前编制一份表格，就凑上去看了看，原来这是一份“资产负债表”，已经基本完成。可是这位老同志一直在嘀咕：“怎么还不平，多了20元？”小王心想：“多了钱不是好事吗？”正想着，小李叫他了，他们出门后进入了一幢雄伟的办公楼。进入办公楼后，各个办公室的人员都在忙自己的工作，在经过一个会议室的时候，里面坐满了人在讨论着什么。小李低声对小王说：“这是董事会，正在讨论年度分红及来年增资等情况。”最后，小王到了自己的办公室，小李将他介绍给了经理后，小王开始了自己的工作生涯。

项目一　理解会计要素

任务描述

会计要素是与会计对象具有密切关系的概念，是对会计对象进行的基本分类，是会计核算对象的具体化，是对单位的资金运动进行的具体分类，是会计对象最基本的组成部分。合理划分会计要素，不仅有利于依据各要素的性质和特征分别确定计量、确认和报告的标准和方法，而且能为建立合理的会计科目体系和会计报表体系提供依据和轮廓框架。理解会计要素的定义和意义，认知会计要素的内容与分类。

教学准备

- 根据项目、任务的需要，将学生分组，并下发学生工作页。
- 撰写教案、备课笔记，并制作本项目的课件。
- 根据项目任务，选择项目教学、小组讨论、案例教学等方法。
- 明确本项目的考核内容、考核要求及评分标准。

相关知识

一、会计要素的概念

会计要素是根据交易或事项的经济特征对会计对象所做的基本分类，是会计核算对象的具体化。会计要素按照其性质分为资产、负债、所有者权益、收入、费用和利润。其中，资产、负债和所有者权益要素侧重于反映企业的财务状况，收入、费用和利润要素侧重于反映企业的经营成果。会计要素的界定和分类可以使财务会计系统更加科学、严密，为投资者等财务报告使用者提供更加有用的信息。

二、会计要素的具体内容

（一）资产

1. 资产的定义及特征

资产是指企业过去的交易或事项形成的、由企业拥有或控制的、预期会给企业带来经济利益的资源。

资产具有以下几个方面的特征。

（1）最重要的特征——资产预期会给企业带来经济利益

作为一项经济资源，它在单独使用或与其他资产结合在一起时，可以直接或间接地为拥有该经济资源的企业提供未来的经济利益，或具有为企业提供未来的现金净流入的能力。

这是确定一项资产的前提条件，也是企业开展生产经营活动的物质基础。资产可以是某项特定的权利，通过拥有和使用该权利给企业带来未来的经济利益；企业还可以用它所拥有的某项资产去交换能够为它带来未来经济利益的另一项资产。按照这一特征，那些已经没有经济价值，不能给企业带来经济利益的项目，就不能继续确认为企业的资产。

总之，作为一项资产必须是能够给企业带来未来经济利益的经济资源。

(2) 资产是企业因为过去的交易或事项而形成的

凡是企业的资产，一定来源于企业过去的某项交易或事项，如购买、接受投资、自行建造或其他事项。其中，其他事项包括接受外界人士的无偿捐赠等事项。尽管没有通过等价交换，但企业拥有该资产的所有权，能够给企业带来未来的经济利益。

据此，企业预期购买的材料、设备等因其交易尚未发生，所以不能作为企业的资产。

(3) 资产是某一企业拥有或控制的经济资源

资产应该是企业对它具有所有权或能够行使控制权的经济资源；或者是企业虽然对某种财产不具有所有权，但它能够支配、控制该财产，使该资产能够按照企业生产经营的计划充分发挥其作用。例如，融资租入固定资产，按实质重于形式原则要求，应将其作为企业资产予以确认。资产的这种所有权或控制权还表明企业对该项资源具有独占性、排他性，其他主体未经本企业的许可，无权使用该资产。这是区别不同主体资产的一个重要特征，也是一项会计的基本前提。

对于资产的特征，有如下补充说明。

(1) 资产是能够用货币进行计量的经济资源

会计信息系统的一个重要特征就是提供以货币为主的财务信息，因此，企业的各项资产也必须能够用货币加以计量，否则，会计信息系统就无法予以反映。这就排除了企业所拥有的但不能用货币计量的其他经济资源，如环境资源、人力资源、政策资源等。这些资源虽也能够给企业带来未来的经济利益，但由于它不能够用货币计量，所以不能确认为企业的资产。从会计的视角，企业不存在无价之宝。

(2) 资产的形态包括各项有形的财产，也包括各种无形权利，如债权和其他权利

资产不是以它有没有实物形态作为确认标准，而是以它能否给企业带来未来经济利益，能否为企业拥有或控制，以及能否进行货币计量作为基本的依据。

企业有很多经济资源没有实物形态，如各项应收款项、商标、专利、商誉等都没有具体的实物形态，但它们不仅是企业不可缺少的经济资源，而且可以给企业带来未来的经济利益，因此，也应确认为企业的资产。

即问即答

人力资源、空气、发霉的材料是否属于企业的资产，为什么？

2. 资产的分类

企业的资产内容非常丰富，为了系统而合理地反映资产的构成内容及各项目的金额大小，应当按照一定的标准对企业的资产进行分类。通常，资产按照其流动性可分为流动资产和非流动资产。

流动资产是指预计在1年内或超过1年的一个营业周期中变现、出售或耗用，或者主要为交易目的而持有的资产，主要包括货币资金、交易性金融资产、应收及预付款、存货等。

① 货币资金是指以货币形态存放于企业、银行或其他金融机构的款项，包括库存现金、银行存款和其他货币资金。货币资金的流动性是所有资产中最强的，企业可以用其支付工资、差旅费及各项日常零星开支等。

② 交易性金融资产主要是指企业为了近期内出售而持有的金融资产，如企业以赚取差价为目的从二级市场购入的股票、债券、基金等。其变现能力次于货币资金。

③ 应收及预付款项是指企业在日常生产经营过程中发生的各项债权，包括应收款项和预付款项。应收款项包括应收票据、应收账款和其他应收款等；预付款项则是指企业按照合同规定预付的款项，如预付账款等。

④ 存货是指企业在日常活动中持有以备出售的产成品或商品、处在生产过程中的在产品、在生产过程或提供劳务过程中耗用的物料等，包括各类材料、商品、在产品、半成品、产成品以及包装物、低值易耗品、委托代销商品等。

非流动资产是指流动资产以外的资产，主要包括持有至到期投资、长期股权投资、固定资产、无形资产、在建工程等。

① 持有至到期投资是指到期日固定、回收金额固定或可确定，且企业有明确意图和能力持有至到期的非衍生金融资产。例如，企业从二级市场上购入的固定利率国债、浮动利率公司债券等，符合持有至到期投资条件的，可以确认为持有至到期投资。

② 长期股权投资包括企业持有的对其子公司、合营企业及联营企业的权益性投资以及企业持有的对被投资单位不具有控制、共同控制或重大影响，且在活跃市场中没有报价、公允价值不能可靠计量的权益性投资。

③ 固定资产是指企业为生产商品、提供劳务、出租或者持有的使用寿命超过一个会计年度的有形资产，如企业拥有或控制的不准备出售而且也未出租的房屋及建筑物、机器设备、运输设备和部分工具和器具等。固定资产是最常见的非流动资产，任何企业的经济活动都离不开一定的固定资产。固定资产能够在较长时期的使用过程中保持原有实物形态基本不变，但是，随着时间的推移，固定资产的价值将因磨损而逐渐减少。这需要企业采用一定的方法按期计提固定资产折旧，并将其计入有关资产的成本或当期的相关费用之中。

④ 无形资产是指企业拥有或控制的没有实物形态的可辨认非货币性资产，如专利权、非专利技术、商标权、著作权、土地使用权和特许权等。

即问即答

设想一下，把你的家庭看作一个经营单位，你的家庭中有哪些物品可以视为流动资产？哪些可以视为非流动资产？

综上所述，资产的分类如图2.1所示。

- 资产
  - 流动资产
    - 库存现金
    - 银行存款
    - 交易性金融资产
    - 原材料
    - 应收账款
    - ……
  - 非流动资产
    - 持有至到期投资
    - 长期股权投资
    - 固定资产
    - 无形资产
    - 在建工程
    - ……

图2.1 资产的分类

(二)负债

1. 负债的定义及特征

负债是指企业过去的交易或事项形成的、预期会导致经济利益流出企业的现时义务。现时义务是指企业在现行条件下已承担的义务。

负债具有以下几个方面的基本特征。

(1) 负债的清偿预期会导致经济利益流出企业

负债通常是在未来某一时日通过交付资产或提供劳务等来清偿。例如,企业购入一批材料,款未付,需要在某一时期用银行存款来清偿,当然也可能以存货、固定资产、无形资产等非货币性资产来清偿。尽管企业清偿负债的形式多种多样,但任何形式下的负债清偿都会导致经济利益流出企业。

在某些特殊情况下,企业的某项负债可能得不到及时清偿,这就需要企业通过承诺新的负债来偿还现有的负债。例如,企业借入短期借款偿还应付账款等,就是举新债还旧债,最终一般都会导致企业经济利益的流出。

(2) 负债是由过去的交易或事项形成的

导致负债的交易或事项必须已经发生,凡未来交易或事项可能给企业形成的义务,不能确认为企业的负债。例如,企业接受银行贷款则会产生偿还贷款的义务,从而产生了一笔负债,但如果企业只是签订了贷款意向性合同而还没有接受贷款则不能确认这笔负债。

(3) 负债是企业承担的现时义务

现时义务与潜在义务相对应,负债是现时义务,不是潜在义务。这就表明负债是企业目前所应承担的义务,而非将来所要承担的义务。未来发生的交易或事项形成的义务,不属于现时义务,不应当确认为负债。例如,短期借款是指企业目前应承担偿还银行贷款的义务,而不是以后准备拖欠银行的款项。

即问即答

本公司与某单位签订一份合同,准备于下月购入一批材料,款项暂欠,并且通过公证处公证,于是将暂欠的款项列入公司的负债,请问是否正确?

2. 负债的分类

负债按流动性不同,可以分为流动负债和非流动负债。

流动负债是指将在1年(含1年)或超过1年的一个营业周期内偿还的债务。流动负债主要包括短期借款、应付及预收款项、应付票据、应交税费、应付职工薪酬等。

① 短期借款是指企业向银行或其他金融机构等借入的期限在1年以下(含1年)的各种借款,通常是为了满足正常生产经营的需要。无论借入款项的来源如何,企业均需要向债权人按期偿还借款的本金及利息。

② 应付及预收款项是指企业在商品购销或劳务供应等活动中发生的各项债务,包括应付账款、预收账款等。

③ 应付票据是指企业购买材料、商品和接受劳务供应等而开出、承兑的商业汇票,包括商业承兑汇票和银行承兑汇票。

④ 应交税费是指企业根据税法规定应交纳的各种税费,主要包括增值税、消费税、营业税、城市维护建设税、资源税、所得税,房产税和教育费附加等。

⑤ 应付职工薪酬是指企业根据有关规定应付给职工的各种薪酬,包括职工工资、奖金、津贴和补贴,职工福利费,医疗、养老、失业、工伤、生育等社会保险费,住房公积金,工会经费,职工教育经费,非货币性福利等因职工提供服务而产生的义务。

非流动负债是指流动负债以外的负债,主要包括长期借款、应付债券等。

① 长期借款是指企业向银行或其他金融机构借入的期限在1年以上(不含1年)的各种借款,一般用于固定资产的购建、改扩建工程、大修理工程、对外投资及保持长期经营能力等方面。

② 应付债券是指企业为筹集长期资金而发行的债券。债券是企业为筹集长期使用资金而发行的一种书面凭证。企业通过发行债券取得资金是以将来偿还购买债券者的本金和利息的义务作为保证的。

综上所述,负债的分类如图2.2所示。

- 负债
  - 流动负债
    - 短期借款
    - 应付账款
    - 应付票据
    - 应交税费
    - 应付职工薪酬
    - ……
  - 非流动负债
    - 长期借款
    - 应付债券
    - ……

图2.2 负债的分类

（三）所有者权益

1. 所有者权益的定义及特征

所有者权益又称为净资产，是指企业资产扣除负债后由所有者享有的剩余权益。公司的所有者权益又称为股东权益。所有者权益的来源包括所有者投入的资本、直接计入所有者权益的利得和损失、留存收益等。

所有者权益具有如下特征。

① 它是一种剩余权益。

企业的权益包括债权人权益和所有者权益，而债权人的权益优先于所有者权益，即在企业终止时，企业的资产必须在保证企业所有的债务得以清偿后，才归所有者享有。因此，它是一种剩余权益。

② 除非发生减资、清算，否则企业不需要偿还所有者权益。

③ 所有者权益起初需由所有者投入，而且所有者有权参与企业利润的分配，并需承担企业的经营风险。

2. 所有者权益的分类

所有者权益一般分为实收资本（股本）、资本公积、盈余公积和未分配利润等项目。

① 实收资本是指所有者投入的构成企业注册资本或股本部分的金额。

② 资本公积是企业收到投资者的超出其在企业注册资本（股本）中所占份额的投资，以及直接计入所有者权益的利得和损失等。资本公积包括资本溢价或直接计入所有者权益的利得和损失等。

③ 盈余公积是指企业按规定从净利润中提取的企业积累资金。公司制企业的盈余公积包括法定盈余公积和任意盈余公积。

④ 未分配利润指企业留待以后年度分配的利润或本年度待分配利润。

综上所述，所有者权益的分类如图 2.3 所示。

所有者权益
- 实收资本
- 资本公积
- 盈余公积
- 未分配利润

图 2.3　所有者权益的分类

说明

所有者权益和负债虽然都是企业的权益，但两者之间却有着本质的不同，表现如下。

- 负债是企业对债权人所承担的经济责任，企业负有偿还的义务；而所有者权益则是企业对投资人所承担的经济责任，一般情况下不需要归还。
- 债权人只享有按期收回本金和利息的权利，无权参与企业的利润分配；投资者既可参与企业的利润分配，也可以参与企业的经营管理。
- 在企业清算时，债权人拥有优先受偿权；而投资者只有在清偿了所有负债后才返还投资额。

（四）收入

1. 收入的定义及特征

收入是指企业在日常活动中形成的、会导致所有者权益增加的、与所有者投入资本无关的经济利益的总流入。所谓的日常活动有销售商品、提供劳务及让渡资产使用权等。

收入具有如下特征。

① 收入是从企业的日常活动中产生的，而不是从偶发的交易或事项中产生的。日常活动是指企业为完成其经营目标而从事的所有活动，及与之相关的其他活动，如制造企业制造和销售产品，交通企业从事运输业务，以及服务性企业提供劳务等。企业也有一些日常并不经常发生，但也与企业经营目标有关的其他业务会有所得发生，应当作为收入。例如，企业出售原材料、出租固定资产、包装物等带来的经济利益也属于企业的收入。

② 收入的取得会导致经济利益流入企业。收入具体表现为资产的增加或负债的减少，或者两者兼而有之。例如，销售产品实现的收入一般表现为银行存款等资产的增加，当然也可能表现为预收账款等负债的减少。

③ 收入能引起所有者权益的增加。

④ 收入只包括本企业经济利益的流入，不包括为第三方或客户代收的款项。企业在生产经营活动中为第三方代收的款项，如增值税、代收利息等，一方面增加了企业的资产，但另一方面也增加了企业的负债，因此，代收款项不能作为本企业的经济利益，不能将其作为本企业的收入。

⑤ 收入与所有者投入资本无关。

2. 收入的分类

收入按日常活动在企业中所处的地位，分为主营业务收入和其他业务收入。

① 主营业务收入是指企业为完成其经营目标所从事的经营性活动中的主要项目所实现的收入。主营业务收入一般占企业总收入的较大比重，对企业的经济效益产生较大影响。不同行业企业的主营业务收入所包括的内容不同。例如，制造企业的主营业务收入主要包括销售商品，服务性企业的主营业务收入主要包括提供劳务。

② 其他业务收入是指企业为完成其经营目标所从事的主营业务活动以外的其他日常活动所实现的收入，如工业企业的其他业务收入主要包括对外销售材料，对外出租固定资产、包装物等。其他业务收入一般占企业总收入的比重较小。

提醒

"营业外收入"、"投资收益"这2个会计科目不属于收入这一会计要素。

综上所述，收入的分类如图2.4所示。

收入 { 主营业务收入 / 其他业务收入 }

图 2.4 收入的分类

需要指出的是,广义的收入除了上述收入以外,通常还包括企业在生产经营活动中因偶发交易或事项而取得的、应当直接计入当期利润的利得,如固定资产处置净收益等。

(五)费用

1. 费用的定义及特征

费用是指企业在日常活动中发生的、会导致所有者权益减少的、与向所有者分配利润无关的经济利益的总流出。

费用具有如下特征。

(1) 费用是企业在日常活动中发生的经济利益的流出

企业在日常活动中,为获取一定收入,必然要发生各种物化劳动和活劳动的耗费。如上所述,日常活动是指企业为完成其经营目标而从事的所有活动以及与之相关的其他活动,如为生产产品消耗的材料、支付的职工薪酬、承担的利息等。从本质上而言,费用是企业在生产经营活动中垫付的资金,费用的发生会导致企业经济利益的流出,但这种流出会从企业的收入中得到补偿。

企业从事的某些活动或事项也能导致经济利益流出企业,但不属于企业的日常活动。例如,企业处置固定资产、无形资产,因自然灾害造成财产损失等,这些活动形成的经济利益的总流出属于企业的损失而不是费用。

(2) 费用会导致企业所有者权益的减少

因为费用既可能表现为资产的减少,如购买办公用品使用银行存款或现金,也可能表现为负债的增加,如核算工资时,增加了应付职工薪酬等,所以费用一定会导致企业所有者权益的减少。收入 - 费用 = 利润,因此在不考虑其他因素的情况下,费用越多,企业的利润就越少,从这个意义上看,费用与收入相对应,最终会导致企业所有者权益的减少。

(3) 费用与向所有者分配利润无关

向所有者分配利润属于利润分配的内容,不构成企业的费用。

2. 费用的分类

费用按其性质可分为营业成本和期间费用。

营业成本是指销售商品或提供劳务的成本,包括主营业务成本和其他业务成本。

① 主营业务成本是指企业销售商品、提供劳务等经常性活动所发生的成本。企业一般在确认销售商品、提供劳务等主营业务收入时,或在月末,将已销售商品、已提供劳务的成本结转入主营业务成本。

② 其他业务成本是指企业除主营业务活动以外的其他经营活动所发生的成本。

期间费用是指企业在日常活动中发生的,应当直接计入当期损益的费用,包括销售费用、管理费用和财务费用。

① 销售费用是指企业在销售商品和材料、提供劳务过程中发生的各项费用。

② 管理费用是指企业为组织和管理生产经营活动而发生的各种费用。

③ 财务费用是指企业为筹集生产经营所需资金等而发生的筹资费用。

综上所述,费用的分类如图 2.5 所示。

- 费用
  - 营业成本
    - 主营业务成本
    - 其他业务成本
  - 期间费用
    - 管理费用
    - 销售费用
    - 财务费用

图 2.5　费用的分类

(六) 利润

1. 利润的定义

利润是指企业在一定会计期间的经营成果。利润包括收入减去费用后的净额、直接计入当期利润的利得和损失等。

直接计入当期利润的利得和损失,是指应当计入当期损益、会导致所有者权益发生增减变动的、与所有者投入资本或向所有者分配利润无关的利得或损失。

2. 利润的构成

利润金额取决于收入和费用、直接计入当期利润的利得和损失的计量,包括营业利润和营业外收支净额等。

① 营业利润是指营业收入减去营业成本、营业税费、期间费用、资产减值损失,加上公允价值变动净收益、投资净收益后的金额。

② 营业外收支净额是指由企业非日常活动形成的,计入当期利润的利得减去损失后的差额。

综上所述,利润的构成如图 2.6 所示。

- 利润
  - 营业利润
  - 营业外收支净额

图 2.6　利润的构成

即问即答

如果将你家比喻为一个企业,在这个企业中什么属于资产,存在哪些负债,所有者权益是多少?每年有哪些收入,会发生什么费用,利润大约有多少?

项目二　建立会计等式

任务描述

会计等式揭示了会计要素之间的内在联系，从实质上看，会计等式揭示了会计主体的产权关系、基本财务状况和经营成果。

教学准备

- 根据项目、任务的需要，将学生分组，并下发学生工作页。
- 撰写教案、备课笔记，并制作本项目的课件。
- 根据项目任务，选择项目教学、小组讨论、案例教学等方法。
- 明确本项目的考核内容、考核要求及评分标准。

相关知识

一、会计等式的内容

（一）静态会计等式

任何企业最初的资产来源不外乎 2 个方面：一是向债权人借入的，即负债；二是由企业所有者投入的，即所有者权益。债权人和所有者将资金提供给企业使用，相应的对企业的资产就享有一种要求权，这种要求权被称为“权益”。可见，资产与权益是相辅相存的，没有无资产的权益，也没有无权益的资产。因此，资产与权益在数量上必然相等，用数学表达式表达如下：

资产＝权益

而由于权益又分为债权人权益和所有者权益，上述等式可转换为：

资产＝债权人权益＋所有者权益＝负债＋所有者权益

即：

资产＝负债＋所有者权益

这一等式反映某个时点上企业的财务状况，因此，该等式也被称为静态等式。

静态等式还可以有其他的表现形式。例如，可以写为“所有者权益＝资产－负债”。无论采用哪种表现形式，其反映的经济含义大致相同。

（二）动态会计等式

企业在生产经营过程中，主要经营目的是取得利润。而收入是实现利润的前提，为了取得一定的收入,还要发生一定的费用。从某一会计期间来看,假定不考虑直接计入当期利润的利得和损失,则收入与费用的差额就是利润,公式如下:

利润 = 收入 - 费用

由于这3项会计要素是企业资金运动在同一会计期间的动态表现,所以该等式通常被称为动态会计等式。

此外,为了反映企业财务状况与经营成果之间的联系及对企业所有者权益变动和现金流量的影响,还应根据企业资金运动的具体情况,将资金运动的相对静止状态与变动状态结合起来,充分显示各项会计要素之间的内在关系,公式如下:

资产 = 负债 + 所有者权益 + (收入 - 费用) = 负债 + 所有者权益 + 利润

而由于收入最终会导致所有者权益的增加,费用会导致所有者权益的减少,利润在未分配之前其本质就是企业的所有者权益,所以该等式最终还是回归静态恒等式,即:

资产 = 负债 + 所有者权益

总之,企业各项会计要素之间所体现的会计等式具有恒等性。这既是资金运动规律的具体表现,又可通过企业的会计事项予以证明。

二、经济业务发生对会计恒等式的影响

企业的经济业务主要有以下4种类型。

① 资产和权益双方同时等额增加。

② 资产和权益双方同时等额减少。

③ 资产内部同时等额有增有减。

④ 权益内部同时等额有增有减。

以上4种变化类型如图2.7所示。

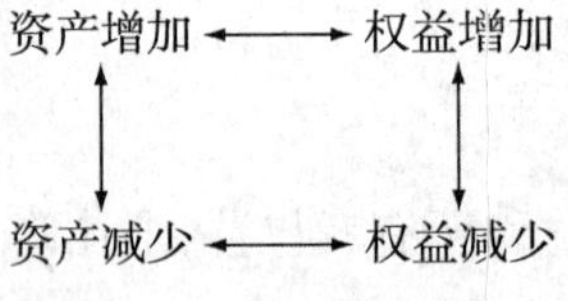

图2.7 经济业务变化类型

在会计实际操作中,以上4种变化类型可以进一步分解为9种具体的形式。

① 资产与所有者权益同时增加,增加的金额相等。

② 资产与所有者权益同时减少,减少的金额相等。

③ 资产与负债同时增加,增加的金额相等。

④ 资产与负债同时减少,减少的金额相等。

⑤ 一项资产增加,一项资产减少,增减金额相等。

⑥ 一项所有者权益增加,一项所有者权益减少,增减金额相等。

⑦ 一项负债增加,一项负债减少,增减金额相等。

⑧ 一项负债增加,一项所有者减少,增减金额相等。

⑨ 一项所有者权益增加,一项负债减少,增减金额相等。

但无论经济业务引起资产、负债和所有者权益发生怎样的增减变化,都不会破坏会计等式的平衡关系。现对上述9种变化情况举例说明。

例2-1　假设淮安市大华有限公司(以下简称大华公司)2014年1月1日资产、负债及所有者权益情况如表2.1所示。

表2.1　资产负债表　元

资　产	金　额	负债及所有者权益	金　额
银行存款	123 000	短期借款	200 000
固定资产	277 000	应付账款	100 000
应收账款	200 000	实收资本	600 000
原材料	600 000	资本公积	300 000
合　计	1 200 000	合　计	1 200 000

本月大华公司发生了如下业务。

1） 大华公司收到A公司投入的固定资产1台,价值20 000元。

该业务发生后,大华公司资产中的固定资产增加了20 000元,所有者权益中的实收资本同时增加了20 000元。由于资产与所有者权益都以等额增加,所以资产与权益仍然相等。变动后的资产负债表如表2.2所示。

表2.2　资产负债表　元

资　产	金　额	负债及所有者权益	金　额
银行存款	123 000	短期借款	200 000
固定资产	297 000	应付账款	100 000
应收账款	200 000	实收资本	620 000
原材料	600 000	资本公积	300 000
合　计	1 220 000	合　计	1 220 000

2） 大华公司因缩小经营规模,经批准减少注册资本50 000元,并以银行存款偿还给投资者。

该业务发生后,大华公司资产中的银行存款减少了50 000元,所有者权益中的实收资本同时减少了50 000元。由于资产与所有者权益都以等额减少,因此资产与权益仍然相等。变动后的资产负债表如表2.3所示。

表2.3　资产负债表　元

资　产	金　额	负债及所有者权益	金　额
银行存款	73 000	短期借款	200 000
固定资产	297 000	应付账款	100 000
应收账款	200 000	实收资本	570 000
原材料	600 000	资本公积	300 000
合　计	1 170 000	合　计	1 170 000

3）大华公司从银行借入2个月期限的短期借款100 000元，存入公司账户。

该业务发生后，大华公司资产中的银行存款增加了100 000元，负债中的短期借款同时增加了100 000元。由于资产与负债都以等额增加，所以资产与权益仍然相等。变动后的资产负债表如表2.4所示。

表2.4　资产负债表　元

资　产	金　额	负债及所有者权益	金　额
银行存款	173 000	短期借款	300 000
固定资产	297 000	应付账款	100 000
应收账款	200 000	实收资本	570 000
原材料	600 000	资本公积	300 000
合　计	1 270 000	合　计	1 270 000

4）大华公司以银行存款归还前欠B公司的购料款30 000元。

该业务发生后，大华公司资产中的银行存款减少了30 000元，负债中的应付账款同时减少了30 000元。由于资产与负债都以等额减少，所以资产与权益仍然相等。变动后的资产负债表如表2.5所示。

表2.5　资产负债表　元

资　产	金　额	负债及所有者权益	金　额
银行存款	143 000	短期借款	300 000
固定资产	297 000	应付账款	70 000
应收账款	200 000	实收资本	570 000
原材料	600 000	资本公积	300 000
合　计	1 240 000	合　计	1 240 000

5）大华公司购买材料一批，价值60 000元，以银行存款支付。

该业务发生后，大华公司资产中的银行存款减少了60 000元，原材料同时增加了60 000元。由于资产内部以等额增减，所以资产与权益仍然相等。变动后的资产负债表如表2.6所示。

表2.6　资产负债表　元

资　产	金　额	负债及所有者权益	金　额
银行存款	83 000	短期借款	300 000
固定资产	297 000	应付账款	70 000
应收账款	200 000	实收资本	570 000
原材料	660 000	资本公积	300 000
合　计	1 240 000	合　计	1 240 000

6）经批准后,企业将资本公积金100 000元转增资本。

该业务发生后,大华公司所有者权益中的资本公积减少了100 000元,实收资本同时增加了100 000元。由于所有者权益内部以等额增减,所以资产与权益仍然相等。变动后的资产负债表如表2.7所示。

表2.7 资产负债表 元

资 产	金 额	负债及所有者权益	金 额
银行存款	83 000	短期借款	300 000
固定资产	297 000	应付账款	70 000
应收账款	200 000	实收资本	670 000
原材料	660 000	资本公积	200 000
合 计	1 240 000	合 计	1 240 000

7）企业从银行借入期限3个月的短期借款30 000元偿还前欠C公司的材料款。

该业务发生后,大华公司负债中的应付账款减少了30 000元,短期借款同时增加了30 000元。由于所有者权益内部以等额增减,所以资产与权益仍然相等。变动后的资产负债表如表2.8所示。

表2.8 资产负债表 元

资 产	金 额	负债及所有者权益	金 额
银行存款	83 000	短期借款	330 000
固定资产	297 000	应付账款	40 000
应收账款	200 000	实收资本	670 000
原材料	660 000	资本公积	200 000
合 计	1 240 000	合 计	1 240 000

8）经批准,某投资者撤资,其投入的资本100 000元企业从银行借入短期借款100 000元付讫。

该业务发生后,大华公司负债中的短期借款增加了100 000元,所有者权益中的实收资本同时减少了100 000元。由于负债和所有者权益等额增减,所以资产与权益仍然相等。变动后的资产负债表如表2.9所示。

表2.9 资产负债表 元

资 产	金 额	负债及所有者权益	金 额
银行存款	83 000	短期借款	430 000
固定资产	297 000	应付账款	40 000
应收账款	200 000	实收资本	570 000
原材料	660 000	资本公积	200 000
合 计	1 240 000	合 计	1 240 000

9）大华公司经与债权人协商并经有关部门批准，将所欠的30 000元应付账款转为资本。

该业务发生后，大华公司负债中的应付账款减少了30 000元，所有者权益中的实收资本同时增加了30 000元。由于负债和所有者权益等额增减，所以资产与权益仍然相等。变动后的资产负债表如表2.10所示。

表2.10　资产负债表　元

资　产	金　额	负债及所有者权益	金　额
银行存款	83 000	短期借款	430 000
固定资产	297 000	应付账款	10 000
应收账款	200 000	实收资本	600 000
原材料	660 000	资本公积	200 000
合　计	1 240 000	合　计	1 240 000

由此可见，企业的经济业务无论如何繁杂，能引起资产与权益发生变动的情况无论有多少都不会破坏上述会计等式的平衡关系。企业在任何时点上所有的资产总额总是等于负债及所有者权益总额。

即问即答

我们以前经常会听到一些会计说“不好，月底的账又不平了，就差几元钱”，当时你是如何想的？现在又是如何想的？为什么资产和权益肯定相等？

本单元小结

1. 会计要素包括资产、负债、所有者权益、收入、费用和利润6项，它们之间相互独立，又具有一定的联系。其中，资产、负债和所有者权益构成资产负债表，收入、费用和利润构成利润表。

2. 会计基本等式：资产 = 负债 + 所有者权益，它既揭示了各项会计要素之间的关系，也为复式记账、编制财务报表提供了理论基础。

3. 在企业中会发生若干种经济业务，这些经济业务可能会使会计等式中的有关项目发生金额的增减变动，但肯定不会破坏等式的平衡。

第三单元

开设会计账户,运用借贷记账法

学习目标

- 理解会计科目、账户的概念。
- 理解会计科目、账户的分类及账户的基本结构。
- 理解会计科目与账户的联系和区别。
- 掌握借贷记账法的概念、记账符号和记账规则。
- 掌握会计分录和试算平衡表的编写。
- 掌握总分类账与明细分类账的平行登记。

引导案例

日常生活中,我们总会有意无意地运用借贷记账法。例如,我们家里购置冰箱和空调,购买这些电器后,虽然银行账户上少了几千元钱,但是我们获取了与之价值相同的产品,从而获得了便利、舒适的生活条件。

同学们偶尔相互借钱,当你把钱借给别人时,你的钱减少了,但是债权也增加了;而借钱的同学,钱增加了,但是随之债务也增加了。这些现象说明了一项经济业务的发生,往往会引起至少2个方面的内容发生变化。如果同类事情发生在企业,会计会如何记录呢?

项目一　了解会计科目

任务描述

会计要素是对会计对象的基本分类,而资产、负债、所有者权益、收入、费用和利润这6项会计要素仍然显得过于粗略,难以满足各方面对会计信息的需要。于是,会计科目对会计要素进行了更为具体和进一步的分类。

教学准备

- 根据项目、任务的需要,将学生分组,并下发学生工作页。

- 撰写教案、备课笔记，并制作本项目的课件。
- 明确本项目的考核内容、考核要求及评分标准。

相关知识

一、会计科目的概念和意义

会计科目是指对会计要素的具体内容进行分类核算和监督的项目名称。通过设置会计科目，可以把各项会计要素的增减变化分门别类地记入账上，以提供一系列具体、分类的指标。

会计科目是进行各项会计记录和提供各项会计信息的基础，在会计核算中具有重要意义。首先，会计科目是复式记账的基础。复式记账要求每一笔经济业务都要在2个或2个以上相互联系的账户中进行登记，以反映资金的来龙去脉。其次，会计科目是编制记账凭证的基础。会计凭证是确定所发生的经济业务应记入何种科目以及分门别类登记账簿的依据。再者，会计科目为成本会计与财产清查提供了前提条件。通过会计科目的设置，有助于成本核算，使各种成本计算成为可能；而通过账面记录与实际结存的核对，又为财产清查、保证账实相符提供了必要的条件。最后，会计科目为编制会计报表提供了方便。会计报表是提供会计信息的主要手段，为了保证会计信息的质量及其提供的及时性，会计报表中的许多项目与会计科目是一致的，并根据会计科目的本期发生额或余额填列。

二、会计科目的分类

会计科目按其所提供信息的详细程度及其统驭关系的不同，分为总分类科目和明细分类科目。

（一）总分类科目

总分类科目，又称一级会计科目或总账科目，是对会计要素具体内容进行的总括分类，是反映会计核算资料总括指标的科目，如“库存现金”、“银行存款”、“应收账款”、“原材料”等。

我国的总分类科目由财政部制定。企业总分类科目表如表3.1所示。

表3.1　总分类科目表

序号	编号	会计科目名称	序号	编号	会计科目名称	序号	编号	会计科目名称
一、资产类								
1	1001	库存现金	55	1606	固定资产清理	107	3101	衍生工具
2	1002	银行存款	56	1611	未担保余值	108	3201	套期工具
3	1003	存放中央银行款项	57	1621	生产性生物资产	109	3202	被套期项目
4	1011	存放同业	58	1622	生产性生物资产累计折旧	四、所有者权益类		

(续表)

序号	编号	会计科目名称	序号	编号	会计科目名称	序号	编号	会计科目名称
5	1012	其他货币资金	59	1623	公益性生物资产	110	4001	实收资本
6	1021	结算备付金	60	1631	油气资产	111	4002	资本公积
7	1031	存出保证金	61	1632	累计折耗	112	4101	盈余公积
8	1101	交易性金融资产	62	1701	无形资产	113	4102	一般风险准备
9	1111	买入返售金融资产	63	1702	累计摊销	114	4103	本年利润
10	1121	应收票据	64	1703	无形资产减值准备	115	4104	利润分配
11	1122	应收账款	65	1711	商誉	116	4201	库存股
12	1123	预付账款	66	1801	长期待摊费用			五、成本类
13	1131	应收股利	67	1811	递延所得税资产	117	5001	生产成本
14	1132	应收利息	68	1821	独立账户资产	118	5101	制造费用
15	1201	应收代位追偿款	69	1901	待处理财产损溢	119	5201	劳务成本
16	1211	应收分保账款			二、负债类	120	5301	研发支出
17	1212	应收分保合同准备金	70	2001	短期借款	121	5401	工程施工
18	1221	其他应收款	71	2002	存入保证金	122	5402	工程结算
19	1231	坏账准备	72	2003	拆入资金	123	5403	机械作业
20	1301	贴现资产	73	2004	向中央银行借款			六、损益类
21	1302	拆出资金	74	2011	吸收存款	124	6001	主营业务收入
22	1303	贷款	75	2012	同业存放	125	6011	利息收入
23	1304	贷款损失准备	76	2021	贴现负债	126	6021	手续费及佣金收入
24	1311	代理兑付证券	77	2101	交易性金融负债	127	6031	保费收入
25	1321	代理业务资产	78	2111	卖出回购金融资产款	128	6041	租赁收入
26	1401	材料采购	79	2201	应付票据	129	6051	其他业务收入
27	1402	在途物资	80	2202	应付账款	130	6061	汇兑损益
28	1403	原材料	81	2203	预收账款	131	6101	公允价值变动损益
29	1404	材料成本差异	82	2211	应付职工薪酬	132	6111	投资收益
30	1405	库存商品	83	2221	应交税费	133	6201	摊回保险责任准备金
31	1406	发出商品	84	2231	应付利息	134	6202	摊回赔付支出
32	1407	商品进销差价	85	2232	应付股利	135	6203	摊回分保费用
33	1408	委托加工物资	86	2241	其他应付款	136	6301	营业外收入
34	1411	周转材料	87	2251	应付保单红利	137	6401	主营业务成本
35	1421	消耗性生物资产	88	2261	应付分保账款	138	6402	其他业务成本
36	1431	贵金属	89	2311	代理买卖证券款	139	6403	营业税金及附加

(续表)

序号	编号	会计科目名称	序号	编号	会计科目名称	序号	编号	会计科目名称
37	1441	抵债资产	90	2312	代理承销证券款	140	6411	利息支出
38	1451	损余物资	91	2313	代理兑付证券款	141	6421	手续费及佣金支出
39	1461	融资租赁资产	92	2314	代理业务负债	142	6501	提取未到期责任准备金
40	1471	存货跌价准备	93	2401	递延收益	143	6502	提取保险责任准备金
41	1501	持有至到期投资	94	2501	长期借款	144	6511	赔付支出
42	1502	持有至到期投资减值准备	95	2502	应付债券	145	6521	保单红利支出
43	1503	可供出售金融资产	96	2601	未到期责任准备金	146	6531	退保金
44	1511	长期股权投资	97	2602	保险责任准备金	147	6541	分出保费
45	1512	长期股权投资减值准备	98	2611	保户储金	148	6542	分保费用
46	1521	投资性房地产	99	2621	独立账户负债	149	6601	销售费用
47	1531	长期应收款	100	2701	长期应付款	150	6602	管理费用
48	1532	未实现融资收益	101	2702	未确认融资费用	151	6603	财务费用
49	1541	存出资本保证金	102	2711	专项应付款	152	6604	勘探费用
50	1601	固定资产	103	2801	预计负债	153	6701	资产减值损失
51	1602	累计折旧	104	2901	递延所得税负债	154	6711	营业外支出
52	1603	固定资产减值准备	三、共同类			155	6801	所得税费用
53	1604	在建工程	105	3001	清算资金往来	156	6901	以前年度损益调整
54	1605	工程物资	106	3002	货币兑换			

(二)明细分类科目

明细分类科目又称为二级科目、三级科目或明细科目,是对总分类科目的经济内容所作的进一步分类,是用来辅助总分类科目反映会计核算资料详细、具体指标的科目。例如,在“应付账款”总分类科目下按具体单位设明细科目,具体反映应付哪个单位的货款,分类反映应付账款的具体情况。

明细分类科目的设置要根据经济管理的具体需要来进行。有的总分类科目需要设置比较多的明细科目,如“应收账款”、“应付账款”、“应交税费”等;有的总分类科目无须设置明细分类科目,如“累计折旧”、“本年利润”等。在实际会计核算工作中,若一个总分类科目下设置的明细分类科目过多,往往会给记账、稽核、查对等带来诸多不便,这时,就可以在总分类科目与明细分类科目之间增设子科目。此时,就将总分类科目称为一级科目,将子科目称为二级科目,将明细科目称为三级科目。总分类科目和明细分类科目的级次关系如表3.2所示。

表 3.2　　会计科目的级次关系

总分类科目（一级科目）	明细分类科目	
	细目（三级科目）	子目（二级科目）
原材料	原材料及主要材料	杉木 椴木
	辅助材料	油漆 润滑油

根据我国现行制度的规定，总分类科目一般由财政部颁发的会计制度统一规定；明细分类科目除规定设置外，企业可根据经营管理的需要自行设置。

会计科目按其经济内容，可以划分为资产类、负债类、共同类、所有者权益类、成本类和损益类。

项目二　理解会计账户

任务描述

设置账户是用货币量度对会计要素的具体内容进行日常归类、核算与监督的一种方法。会计科目只是对会计要素具体内容进行分类的项目，而单位发生的各种经济业务是十分频繁复杂的，为了系统、连续地把各种经济业务和由此而引起的各项资金变化情况分门别类地进行核算与监督，还必须根据规定的会计科目在账簿中开设账户，以便提供日常管理上的核算资料。

教学准备

- 根据项目、任务的需要，将学生分组，并下发学生工作页。
- 撰写教案、备课笔记，并制作本项目的课件。
- 明确本项目的考核内容、考核要求及评分标准。

相关知识

账户是根据会计科目开设、用来记录各会计科目所反映的经济业务内容的格式。

会计科目只是对会计对象具体内容进行分类的项目或名称，还不能进行具体的会计核算。为了全面、序时、连续、系统地反映和监督会计要素的增减变动，还必须设置账户。账户具有一定的格式和结构，用于分类反映会计要素的增减变动情况及其结果。设置账户是对会计科目的具体运用，也是会计核算的一种专门方法。

一、账户的基本结构

经济业务千变万化，但是它们会引起会计要素发生的变化归纳起来不外乎增减 2 种情况。账户的结构是指为适应它所要反映的内容而划分的左右两方,一方登记增加数,一方登记减少数。增减的方向由采用的记账方法和记录的经济内容决定。账户的基本结构一般包括下列内容。

- 账户的名称:账户的名称即会计科目。
- 日期:记录经济业务的日期。
- 凭证号数:账户记录的依据。
- 摘要:简要说明经济业务的内容。
- 增加额、减少额及余额。

由于所使用的记账方法不同,账户左右两方具体反映的内容也不相同,我国《企业会计准则》规定采用借贷记账法。其基本格式如表 3.3 所示。

表 3.3

账户名称(会计科目)

年		凭证号数	摘　要	借　方	贷　方	借或贷	余　额
月	日						

为了方便说明,上述账户的基本结构可以简化成 T 字形,称为 T 形账户,或者称为丁字账。这时账户省略了若干栏次,如图 3.1 所示。

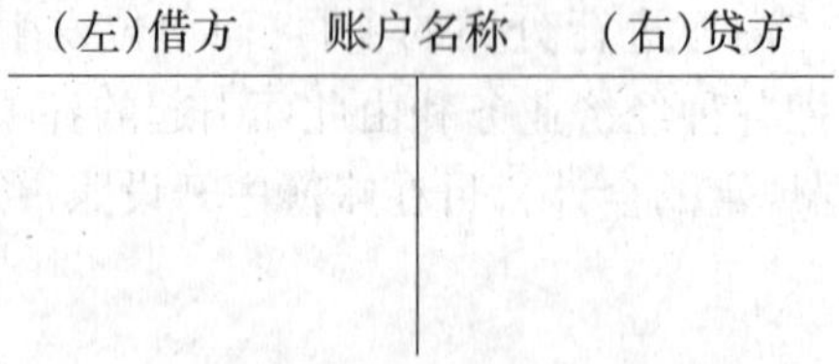

图 3.1　T 形账户

账户包括 4 个重要的要素:期初余额、本期增加发生额、本期减少发生额和期末余额。它们的关系是:

期末余额 = 期初余额 + 本期增加发生额 - 本期减少发生额

二、账户与会计科目的关系

账户与会计科目既有联系又有区别。两者的联系是:会计科目的内容与分类方法决定了账户的内容与分类方法,它们都被用来反映会计对象的具体内容,所反映的经济内容相同、性质相同;会计科目是账户的名称,也是设置账户的依据;账户是会计科目的具体运用。例如,“银行存款”科目与“银行存款”账户的核算内容、范围完全相同。没有会计科目,账户便失去了设置的依据;没有账户,会计科目就无法发挥作用。

两者的区别是:会计科目仅仅是账户的名称,不存在结构,而账户则具有一定的格式和结构;会计科目仅说明反映的经济内容是什么,而账户不仅说明反映的经济内容是什么,而且系统地反映和控制其增减变化及结余情况；会计科目的作用主要是开设账户、填制凭证，而账户的作用主要是提供某一具体会计对象的会计资料，以编制会计报表。

会计对象、会计要素、会计科目、会计账户四者之间的关系如图3.2所示。

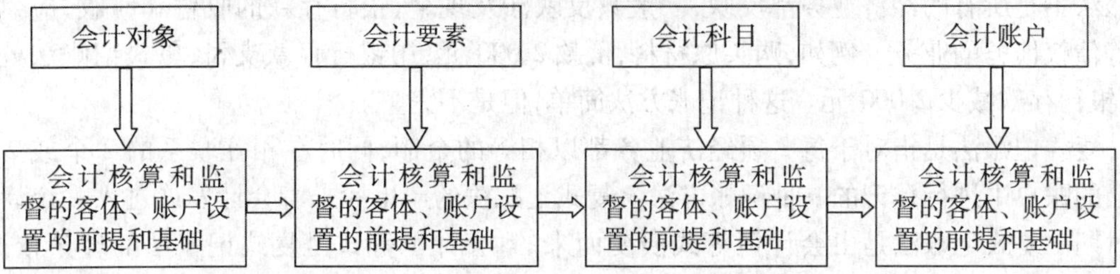

图3.2　会计对象与会计要素、会计科目与会计账户之间的关系

三、账户的分类

由于账户是根据会计科目设置的，因此账户的分类必须与会计科目的分类一致。

按所反映会计要素具体内容的详细程度及其统驭关系分类，账户分为总分类账和明细分类账。

总分类账，也称总账，是对会计要素的具体内容进行的总括分类，反映会计的总括指标。

明细分类账，也称明细账，是对总账的经济内容所做的进一步分类，反映会计核算资料详细、具体的内容。

总分类账是所属明细分类账的统驭账户，它以货币作为主要的计量单位，总括地反映各项会计要素的增减变动；明细分类账是总分类账的辅助账户，是总分类账的补充和具体化。

根据账户所反映经济内容的分类与会计科目的分类相一致。

项目三　借贷记账法

任务描述

借贷记账法是复式记账法的一种。我们要运用借贷记账法全面地反映经济业务的各方面内容，从而为记账提供更详细和有利的资料。

教学准备

- 根据项目、任务的需要，将学生分组，并下发学生工作页。
- 撰写教案、备课笔记，并制作本项目的课件。
- 明确本项目的考核内容、考核要求及评分标准。

相关知识

记账方法是根据单位所发生的经济业务（或会计事项），采用特定的记账符号并运用一定的记账原理，在账簿中进行登记的方法。一般分为单式记账法和复式记账法。

单式记账法是记账方法发展的早期形式，是将有关经济业务引起的一个方面的变动在一个会计科目中进行单方面登记，而与此相关的另一方面不予反映的一种记账方法。单式记账法不是所有的经济业务都反映，一般只反映涉及现金、银行存款的收付和应收、应付账款等债权债务的业务。例如，购买原材料，价款 2 000 元，用银行存款支付，单式记账法处理为：银行存款减少 2 000 元。这种记账方法简单，但是不完整。

复式记账法是指对于每一项经济业务都以相等的金额，同时在相互联系的 2 个或 2 个以上的账户中进行登记的一种记账方法。复式记账法的产生标志着会计发展进入一个崭新的时期。复式记账法是由会计恒等式演变而来的，会计恒等式是复式记账法的理论依据。例如，购买原材料，价款 2 000 元，用银行存款支付，复式记账法处理为：银行存款减少 2 000 元，原材料增加 2 000 元。复式记账法按采用的记账符号和记账方法的不同可以分为借贷记账法、收付记账法、增减记账法。

长期的实践证明，借贷记账法是当今最科学、最完善的复式记账法。我国会计准则规定，企业会计记账应该采用借贷记账法。

一、借贷记账法的含义

借贷记账法是以借、贷作为记账符号，反映会计要素增减变化及其结果的复式记账法，是目前世界各国运用最广泛的记账方法。

二、借贷记账法的内容

（一）借贷记账法的记账符号

记账符号用来确定经济业务增减变动的记账方向，借贷记账法以“借”和“贷”作为记账符号。这里的“借”和“贷”只是用来表示“增”和“减”的方向，没有什么具体、确切的意义。哪一方记增加，哪一方记减少取决于账户所反映的经济内容。如果借方登记经济业务的增加，则贷方必定登记经济业务的减少；反之亦然。

（二）账户结构

账户结构是指在账户中如何记录经济业务所引起的各项会计要素的增减变动情况及其结果，即增加记何方，减少记何方，余额记何方。在借贷记账法下，其账户按照经济内容分为资产、负债、所有者权益、成本和损益五大类，但是由于损益类账户又包括收入类和费用类，所以，工业制造企业的账户实际上包括资产、负债、所有者权益、成本、收入和费用 6 类，每类会计科目的结构具体如下。

1. 资产类账户的结构

资产类账户的结构是：账户的借方登记资产的增加额；贷方登记资产的减少额；期末如有余额，一般在借方。其结构如图 3.3 所示。

资产类

借方	贷方
期初余额	
本期增加额	本期减少额
本期发生额	本期发生额
期末余额	

图 3.3　资产类账户的结构

资产类账户的期末余额的计算公式如下：

资产类账户的期末余额 = 期初借方余额 + 本期借方发生额 − 本期贷方发生额

2. 负债及所有者权益类账户的结构

负债及所有者权益类账户的结构与资产类账户的结构相反：账户的贷方登记负债及所有者权益的增加额；借方登记负债及所有者权益的减少额；账户期末如有余额，一般为贷方余额。其结构如图 3.4 所示。

负债及所有者权益类

借方	贷方
	期初余额
本期减少额	本期增加额
本期发生额	本期发生额
	期末余额

图 3.4　负债及所有者权益类账户的结构

负债及所有者权益类账户的期末余额的计算公式如下：

负债及所有者权益类账户的期末余额 = 期初贷方余额 + 本期贷方发生额 − 本期借方发生额

3. 成本类账户的结构

成本类账户的结构与资产类账户的结构一致，即：借方登记成本的增加额；贷方登记成本的减少额；期末一般无余额，若有余额，应在借方。其结构如图 3.5 所示。

成本类

借方	贷方
期初余额	
本期增加额	本期减少额
本期发生额	本期发生额
期末余额	

图 3.5　成本类账户的结构

成本类账户的期末余额的计算公式如下：

成本类账户的期末余额 = 期初借方余额 + 本期借方发生额 - 本期贷方发生额

4. 收入类账户的结构

收入类账户的结构与负债及所有者权益类账户的结构相似：账户的贷方登记收入的增加额；借方登记收入的减少额；每一会计期末，贷方的增加额一般要通过借方转出，所以该账户通常没有期末余额。其结构如图3.6所示。

收入类

借方	贷方
本期减少额	本期增加额
本期发生额	本期发生额

图3.6　收入类账户的结构

5. 费用类账户的结构

企业在生产经营过程中发生的各种耗费，可以视为资产的消耗，所以费用类账户的结构与资产类账户的结构基本相同：账户的借方登记费用的增加额；贷方登记费用的减少额；与收入类账户一样，每一会计期末，借方的增加额一般要通过贷方转出，所以该类账户通常没有期末余额。其结构如图3.7所示。

费用类

借方	贷方
本期增加额	本期减少额
本期发生额	本期发生额

图3.7　费用类账户的结构

综上所述，不同性质的账户其借贷含义不同，账户结构也不同，体现了借贷记账法的基本特点。账户结构关系如表3.4所示。

表3.4　账户结构关系

账户类别	借　方	贷　方	余额方向
资产类	增加	减少	借方
负债类	减少	增加	贷方
所有者权益类	减少	增加	贷方
收入类	减少或转出	增加	月末结转后无余额
费用类	增加	减少或转出	
成本类(同费用类)	增加	减少	若有余额，在借方

（三）借贷记账法的记账规则及其应用

借贷记账法的记账规则是：有借必有贷，借贷必相等。对于任何一笔经济业务，都要在2个或2个以上的账户中进行登记，且记入借方和贷方账户的金额相等。

下面通过美华公司的经济业务实例来说明借贷记账法记账规则的运用。

例3－1　美华公司收到投资者的投资款项30 000元，存入银行。

这笔业务使美华公司银行存款增加了30 000元，实收资本增加了30 000元。"银行存款"账户属于资产类账户，增加记在借方；"实收资本"账户属于所有者权益类账户，增加记在贷方。这项业务引起会计恒等式两边以同等金额同时增加。

借方	实收资本 贷方	↔	借方 银行存款	贷方
	30 000	←→	30 000	

例3－2　美华公司向供应单位购买原材料，价值100 000元，货款尚未支付。

这笔业务使美华公司的原材料增加了100 000元，但是同时欠了供应单位货款，即应付账款增加了100 000元。"原材料"账户属于资产类账户，增加记在借方；"应付账款"账户属于负债类账户，增加记在贷方。这项业务引起会计恒等式两边以同等金额同时增加。

借方	应付账款 贷方	↔	借方 原材料	贷方
	100 000	←→	100 000	

例3－3　美华公司用银行存款200 000元偿还短期借款。

这笔业务使美华公司的短期借款减少了200 000元，银行存款减少了200 000元。"短期借款"账户属于负债类账户，减少记在借方；"银行存款"账户属于资产类账户，减少记在贷方。这项业务引起会计恒等式两边以同等金额同时减少。

借方	银行存款 贷方	↔	借方 短期借款	贷方
	200 000	←→	200 000	

例3－4　美华公司经批转将盈余公积50 000元转增资本。

这笔业务使美华公司的盈余公积减少了50 000元，实收资本增加了50 000元。"盈余公积”属于所有者权益类账户，减少记在借方；“实收资本”账户也属于所有者权益类账户，增加记在贷方。这项业务属于所有者权益内部同时以相等金额增减变化。

借方	实收资本 贷方
	50 000

借方	盈余公积 贷方
50 000	

（实收资本贷方 50 000 ←→ 盈余公积借方 50 000）

三、会计分录

会计分录是指对某项经济业务事项表明其应借、应贷的会计科目和金额的一种记录，简称分录。

在实际会计工作中，会计分录是根据记载各项经济业务的原始凭证，在具有一定格式的记账凭证中编制的。编制会计分录是会计工作的初始阶段，会计分录是记账的直接依据，会计分录记得不对，必然影响整个会计记录的正确性。因此，会计分录必须如实地反映经济业务的内容，正确确定应借、应贷的会计科目及金额。

会计分录应包括以下内容。

- 记账符号：借方和贷方。
- 2个或2个以上的会计科目。
- 借贷双方的相等金额。

会计分录可以分为：简单分录和复合分录。一笔经济业务只涉及2个账户发生增减变化时，编制的一借一贷的会计分录称为简单会计分录；一笔经济业务引起2个以上账户发生增减变化时，编制一借多贷、一贷多借或多借多贷的会计分录称为复合会计分录。

下面根据具体的经济业务来说明编制会计分录的方法。

例3－5 2014年12月运通公司发生下列经济业务。

1）12月3日，收到股东追加的货币资金投资50 000元，款项已存入银行。

这一经济业务涉及“银行存款”和“实收资本”2个账户。“银行存款”账户属于资产类账户，增加记在借方；“实收资本”账户属于所有者权益类账户，增加记在贷方。会计分录如下。

借：银行存款　　50 000
　　贷：实收资本　　50 000

2）12月8日，从银行借入短期借款8 000元作为生产用周转资金，款项已存入银行。

这一经济业务涉及“银行存款”和“短期借款”2个账户。“银行存款”账户属于资产类账户，增加记在借方；“短期借款”账户属于负债类账户，增加记在贷方。会计分录如下。

借：银行存款　　8 000
　　贷：短期借款　　8 000

3）12月10日，购买设备1台，价款共计17 000元，已支付10 000元款项，余款暂欠。

这一经济业务涉及“固定资产”、“银行存款”和“应付账款”3 个账户。“固定资产”、“银行存款”账户属于资产类账户，增加记在借方，减少记在贷方；“应付账款”账户属于负债类账户，增加记在贷方。会计分录如下。

借：固定资产——设备　　17 000
　贷：银行存款　　10 000
　　应付账款　　7 000

4）12 月 24 日，用银行存款购买原材料 6 000 元。

这一经济业务涉及“银行存款”和“原材料”2 个账户，且“银行存款”和“原材料”账户都属于资产类账户，增加记在借方，减少记在贷方。会计分录如下。

借：原材料　　6 000
　贷：银行存款　　6 000

5）12 月 29 日，用银行存款归还到期的长期借款 40 000 元。

这一经济业务涉及“银行存款”和“长期借款”2 个账户。“银行存款”账户属于资产类账户，减少记在贷方；“长期借款”账户属于负债类账户，减少记在借方。

借：长期借款　　40 000
　贷：银行存款　　40 000

根据各项经济业务编制会计分录以后，应记入有关账户。将记账凭证中的会计分录转记到有关账户的过程称为登记账户。过账后，期末要结转出每个账户的本期发生额和期末余额。

例 3－6　2014 年 12 月运通公司总分类账的期初余额如表 3.5 所示。

表 3.5　　**12 月期初余额**　　元

会计科目	借方余额	会计科目	贷方余额
银行存款	10 000	短期借款	5 000
原材料	50 000	应付账款	25 000
固定资产	20 000	长期借款	42 000
		实收资本	8 000
合　计	80 000	合　计	80 000

1）根据本月发生的经济业务编制会计分录，见例 3－5。

2）根据会计分录登记账户。

借方　　银行存款　　贷方

1）	50 000	3）	10 000
2）	8 000	4）	6 000
		5）	40 000
本期发生额	58 000	本期发生额	56 000
期末余额	12 000		

借方　　原材料　　贷方

期初余额	50 000	
4）	6 000	
本期发生额	6 000	
期末余额	56 000	

固定资产

借方		贷方	
期初余额	20 000		
3)	17 000		
本期发生额	17 000		
期末余额	37 000		

短期借款

借方		贷方	
		期初余额	5 000
		2)	8 000
		本期发生额	8 000
		期末余额	13 000

应付账款

借方		贷方	
		期初余额	25 000
		3)	7 000
		本期发生额	7 000
		期末余额	32 000

长期借款

借方		贷方	
		期初余额	42 000
5)	40 000		
本期发生额	40 000		
		期末余额	2 000

实收资本

借方		贷方	
		期初余额	8 000
		1)	50 000
		本期发生额	50 000
		期末余额	58 000

从以上举例可以看出，运用借贷记账法记账时，在有关账户之间会形成应借应贷的相互关系，这种关系称为账户对应关系，发生对应关系的账户称为对应账户。

四、试算平衡

登记账户后，为了检查账户记录的正确性，在借贷记账法下，可在一定时期终了时通过编制试算平衡表进行核对。根据“资产 = 负债 + 所有者权益”会计恒等式及借贷记账法记账规则的原理，将整个会计期间所有账户记录进行汇总和测算的过程，也是保证账户记录的正确性和完整性的必要过程。

试算平衡通常是通过编制试算平衡表来进行的。试算平衡的方法有 2 种：发生额平衡法和余额平衡法。

（一）发生额平衡法

发生额平衡法是根据借贷记账法“有借必有贷，借贷必相等”的基本原理，将所有账户借方发生额和所有账户贷方发生额分别合计并测算其是否相等的一种检查方法。其公式为：

全部账户本期借方发生额合计 = 全部账户本期贷方发生额合计

根据例 3 - 5，可以编制如表 3.6 所示的发生额试算平衡表。

表 3.6　本期发生额试算平衡表

2014 年 12 月 31 日　元

会计科目	本期发生额	
	借 方	贷 方
银行存款	58 000	56 000
原材料	6 000	
固定资产	17 000	
短期借款		8 000
应付账款		7 000
长期借款	40 000	
实收资本		50 000
合 计	121 000	121 000

（二）余额平衡法

余额平衡法是根据“资产 = 负债 + 所有者权益”的恒等公式，将所有账户的借方余额和所有账户的贷方余额分别合计并测算其是否相等的一种检查方法。其公式为：

全部账户期初借方余额 = 全部账户期初贷方余额

全部账户期末借方余额 = 全部账户期末贷方余额

在一般会计业务中，往往通过期末编制试算平衡表的方式进行发生额和余额的试算平衡。

例 3 - 7　根据例 3 - 6 的资料编制试算平衡表，如表 3.7 所示。

表 3.7　试算平衡表

2014 年 12 月 31 日　元

会计科目	期初余额		本期发生额		期末余额	
	借 方	贷 方	借 方	贷 方	借 方	贷 方
银行存款	10 000		58 000	56 000	12 000	
原材料	50 000		6 000		56 000	
固定资产	20 000		17 000		37 000	
短期借款		5 000		8 000		13 000
应付账款		25 000		7 000		32 000
长期借款		42 000	40 000			2 000
实收资本		8 000		50 000		58 000
合 计	80 000	80 000	121 000	121 000	105 000	105 000

表3.7中的全部期初余额、本期发生额、期末余额的借方、贷方合计数都是平衡的，说明账户记录基本正确，但不能说绝对正确，因为有些错误不能通过试算平衡表发现。例如，借贷会计科目写错或借贷方向颠倒，借方和贷方都漏记或重记等。但是如果试算不平衡，则说明在记账和编制试算平衡表的某一个环节肯定出错了，应该仔细查找。

五、总分类账与明细分类账的平行登记

总分类账和其所属的明细分类账都是根据相同的经济业务登记的，总分类账是统驭账户，对其下属的明细分类账起控制作用；明细分类账则是从属账户，对其所隶属的总分类账起补充作用。两者所反映的经济内容相同，只是提供会计信息的详简程度有所差异，因此总分类账与所属的明细分类账必须平行登记。

所谓平行登记是指经济业务发生后，根据会计凭证一方面登记有关的总分类账，另一方面要登记该总分类账所属的各明细分类账。

平行登记的要点如下。

① 同时期：是指同一会计期间。对于发生的每一项经济业务，在同一会计期间内，一方面要记入有关总分类账，另一方面也要记入所属的明细分类账。

② 同方向：是指在总分类账及其下属明细分类账中登记的方向相同。

③ 同金额：是指记入总分类账的金额与记入所属明细分类账的金额合计数相等。

例3-8　资料1：甲工厂2014年9月“原材料”、“应付账款”总账及明细账的月初余额如表3.8至表3.13所示。

表3.8　　**总分类账**

会计科目：原材料　　元

2014年		凭证号数	摘　要	借　方	贷　方	借或贷	余　额
月	日						
9	1		月初余额			借	220 000
	3	1	购买材料，入库	102 000		借	322 000
	12	2	生产领用		222 000	借	100 000
	30		本月合计	102 000	222 000	借	100 000

表3.9　　**原材料明细分类账**

会计科目：A材料　　元，件

2014年		凭证号数	摘　要	收　入			支　出			结　存		
月	日			数量	单价	金额	数量	单价	金额	数量	单价	金额
9	1		月初余额							300	500	150 000
	3	1	购买材料，入库	200	500	100 000				500	500	250 000
	12	2	生产领用				400	500	200 000	100	500	50 000
	30		本月合计	200	500	100 000	400	500	200 000	100	500	50 000

表 3.10　　原材料明细分类账

会计科目：B 材料　　元，件

2014 年		凭证号数	摘　要	收　入			支　出			结　存		
月	日			数量	单价	金额	数量	单价	金额	数量	单价	金额
9	1		月初余额							1 400	50	70 000
	3	1	购买材料，入库	40	50	2 000				1 440	50	72 000
	12	2	生产领用				440	50	22 000	1 000	50	50 000
	30		本月合计	40	50	2 000	440	50	22 000	1 000	50	50 000

表 3.11　　总分类账

会计科目：应付账款　　元

2014 年		凭证号数	摘　要	借　方	贷　方	借或贷	余　额
月	日						
9	1		月初余额			贷	80 000
	3	1	购买材料，入库		102 000	贷	182 000
	15	3	偿还货款	120 000		贷	62 000
	30		本月合计	120 000	102 000	贷	62 000

表 3.12　　应付账款明细分类账

会计科目：华源工厂　　元

2014 年		凭证号数	摘　要	借　方	贷　方	借或贷	余　额
月	日						
9	1		月初余额			贷	50 000
	3	1	购买材料，入库		102 000	贷	152 000
	15	3	偿还货款	90 000		贷	62 000
	30		本月合计	90 000	102 000	贷	62 000

表 3.13　　应付账款明细分类账

会计科目：雷恒工厂　　元

2014 年		凭证号数	摘　要	借　方	贷　方	借或贷	余　额
月	日						
9	1		月初余额			贷	30 000
	15	3	偿还货款	30 000		贷	0
	30		本月合计	30 000		贷	0

资料 2：根据本月发生的有关经济业务编制会计分录。

1）9 月 3 日，向华源工厂购买材料一批，材料已验收入库，货款尚未支付。购料的具体情况如下。

名　称	数　量	单　价	金　额
A 材料	200 件	500	100 000
B 材料	40 件	50	2 000
合　计			102 000

编制会计分录如下。

借：原材料——A 材料　　100 000
　　　　　——B 材料　　2 000
　贷：应付账款——华源工厂　　102 000

2）9 月 12 日，产品生产领用 A 材料 400 件，单价 500 元；领用 B 材料 440 件，单价 50 元。

编制会计分录如下。

借：生产成本　　222 000
　贷：原材料——A 材料　　200 000
　　　　　　——B 材料　　22 000

3）9 月 15 日，以银行存款偿还华源工厂货款 90 000 元，偿还雷恒工厂货款 30 000 元。

编制会计分录如下。

借：应付账款——华源工厂　　102 000
　　　　　　——雷恒工厂　　30 000
　贷：银行存款　　132 000

利用总分类账和明细分类账的联系，可以检查总分类账及其明细分类账的登记是否正确。如果发现两者不等，可以及时查明原因，更正账户记录，以保证会计资料的正确性。

本单元小结

1. 掌握复式记账法的原理，借贷记账法是一种以“借”、“贷”为记账符号的复式记账。

2. 借贷记账法的记账规则是“有借必有贷，借贷必相等”，理解借贷作为一种记账符号，已失去了原有含义。

3. 试算平衡是检验记账是否正确的一种重要方法，分为发生额试算平衡和余额试算平衡，但即使是试算平衡，也不能说记账正确无误。

4. 会计分录是根据经济业务的内容，标明应借应贷的账户名称、登记方向及其金额的记录；掌握会计分录的编制方法，规范会计分录的书写格式。

5. 根据经济业务的状况设置总分类账和明细分类账，总分类账和明细分类账须进行平行登记；理解平行登记的含义。

第四单元

核算企业主要经营过程的经济业务

学习目标

- 掌握企业资金吸收及流出的核算。
- 掌握工业企业材料供应过程的基础业务核算。
- 掌握工业企业生产过程的基础业务核算。
- 掌握工业企业销售过程的基础业务核算。
- 掌握工业企业利润形成及分配的业务核算。

引导案例

长江合伙企业由张三、王五和李四 3 个人共同承建，计划注册资本 40 万元。张三以价款 20 万元的厂房出资，王五以 1 台价值 12 万元的设备出资，李四以价值 8 万元的现金出资。企业成立以后，因经营规模的需要，该企业又从工商银行取得 3 年期的借款 16 万元，利率 6%，按年付息，到期还本。企业成立后，又先后以银行存款购买了原材料、设备等。为了把本企业的产品销售出去，又花钱做了广告等。上述这些业务，企业的会计该如何进行记录呢？

项目一　核算资金筹集的经济业务

任务描述

工业企业要开展经营活动，实现经营目标，就需要从各种渠道，采用各种方式筹集一定的资金。企业成立时以及经营期间都有吸收资金的需要。企业吸收资金的方式主要有：接受投资者投入资本金，通过负债方式向债权人借入资金等。企业资金退出的情形有上交税费、向投资者支付利润、偿还各项到期债务等。本项目要求掌握上述吸收资金和资金退出等经济业务的会计核算方法。

教学准备

- 根据项目、任务的需要，将学生分组，并下发学生工作页。

- 撰写教案、备课笔记，并制作本项目的课件。
- 根据项目任务，选择项目教学、小组讨论、案例教学等方法。
- 明确本项目的考核内容、考核要求及评分标准。

相关知识

一、资金筹集核算应设置的账户

为了反映企业吸收投资者投入企业的资金、债务的借入及偿还情况，企业应设置的账户如下。

① 实收资本：是指出资者按照企业章程或合同、协议的约定，向企业投入的资金。根据相关法律规定（如《公司法》等），投资者可以货币资金、实物资产和无形资产等形式进行投资。该账户用来核算企业接受投资者投入的资本金。该账户属于所有者权益类，增加记贷方，减少记借方。当收到投资者投入资金时，记入该账户的贷方；投资者按相关规定履行相关手续后收回投资时，记入该账户的借方。该账户的期末余额在贷方，反映企业实收资本总额。该账户应按投资者的名称设置明细分类账，包括政府部门、其他法人单位、个人及外商等。

② 资本公积：反映企业资本公积的增减变动及结存情况。资本公积是指企业收到投资者超出其在企业注册资本中所占份额的投资，如资本溢价等。该账户属于所有者权益类，增加记贷方，减少记借方。余额在贷方，表示期末资本公积的实有数额。

③ 短期借款和长期借款：用来核算企业从银行或其他金融机构等借入的各种借款，其中借款期限在1年以下（含1年）的为短期借款，借款期限在1年以上的为长期借款。这2个账户属于负债类，增加记贷方，减少记借方。企业借入的各种借款，记入该账户的贷方；归还借款时，记入该账户的借方。该账户的期末余额在贷方，表示企业尚未偿还的各项借款。

二、资金退出核算应设置的账户

① 应交税费：用来核算企业按照《税法》等规定计算应交纳的各种税费。该账户属于负债类，增加记贷方，减少记借方。企业按照《税法》等规定计算出的应交未交的税费时，记入该账户的贷方；企业实际交纳的各项税费时，记入该账户的借方。该账户的期末余额一般在贷方，反映企业尚未交纳的税费。该账户应按税费种类设置明细分类账，包括增值税、营业税、消费税、城市维护建设税、企业所得税等。

② 应付股利：用来核算企业分配的现金股利或利润。该账户属于负债类，增加记贷方，减少记借方。企业根据股东大会或类似机构审议批准的利润分配方案，按应支付的现金股利或利润，记入该账户的贷方；实际支付的现金股利或利润，记入该账户的借方。该账户的期末余额在贷方，反映企业应付未付的现金股利或利润。该账户应按投资者设置明细分类账。

任务设计及工作过程

工业企业是从事商品生产和经营，并通过经营活动取得利润的单位。工业企业的生产经营活动复杂，涉及的环节较多，因此相关业务繁杂。本项目将以工业企业最基本的常见经济业务为例，阐述账户和借贷记账法的应用。以下以泰山有限责任公司某年12月发生的相关经济业务为例，说明工业企业主要经济业务的核算。

（一）资金筹集业务的核算

1. 吸收资金筹资业务

工作实例4－1　泰山有限责任公司接受光明公司投入的货币资金450 000元，存入银行。要求编制会计分录。

步骤一，经济业务分析。此项经济业务一方面使企业银行存款增加，应借记"银行存款"科目；另一方面，收到了光明公司投入的货币资金，光明公司在企业中的所有者权益——实收资本增加，应贷记"实收资本"科目。

步骤二，根据步骤一的分析，编制会计分录如下。

借：银行存款　　　　450 000

　　贷：实收资本——光明公司　　　　450 000

工作实例4－2　泰山有限责任公司收到政府某部门投入机器设备1台，原值450 000元，已提折旧150 000元，投资协议作价260 000元。要求编制会计分录。

步骤一，经济业务分析。此项经济业务一方面使企业的固定资产增加，应借记"固定资产"科目；另一方面，收到了政府投入的实物资产，政府在泰山有限责任公司中的实收资本增加，应贷记"实收资本"科目。而投资者投入的固定资产的成本，应当按照投资合同或协议约定的价值确定。

步骤二，根据步骤一的分析，编制会计分录如下。

借：固定资产　　　　260 000

　　贷：实收资本——政府某部门　　　　260 000

工作实例4－3　泰山有限责任公司收到投资者货币资金投资120 000元，存入银行。根据投资协议，该投资者可享受企业资本份额为100 000元。要求编制会计分录。

步骤一，经济业务分析。此项经济业务一方面使企业的银行存款增加，应借记"银行存款"科目；另一方面，收到了投资者投入的货币资金，投资者在企业中的实收资本增加，应贷记"实收资本"科目。

步骤二，根据步骤一的分析，编制会计分录如下。

借：银行存款　　　　120 000

　　贷：实收资本——某投资者　　　　100 000

　　　　资本公积　　　　20 000

2. 银行借款筹资业务

工作实例4－4　泰山有限责任公司从工商银行取得贷款230 000元，期限7个月。要求编制会计分录。

步骤一,经济业务分析。此项经济业务一方面使泰山有限责任公司的银行存款增加,应借记"银行存款"科目;另一方面,从银行借入的期限在1年以下的借款增加,应贷记"短期借款"科目。

步骤二,根据步骤一的分析,编制会计分录如下。

借:银行存款　　230 000

　贷:短期借款——工商银行　　230 000

工作实例4-5　泰山有限责任公司为筹集长期资金向建设银行取得贷款700 000元,期限3年,年利率9.2%,按年付息,到期还本。要求编制会计分录。

步骤一,经济业务分析。此项经济业务一方面使泰山有限责任公司的银行存款增加,应借记"银行存款"科目;另一方面,泰山有限责任公司从银行借入的期限在1年以上的借款增加,应贷记"长期借款"科目。

步骤二,根据步骤一的分析,编制会计分录如下。

借:银行存款　　700 000

　贷:长期借款——建设银行　　700 000

(二)资金退出业务的核算

1. 偿还借款

工作实例4-6　承工作实例4-4,企业以银行存款偿还到期的工商银行短期借款230 000元。要求编制会计分录。

步骤一,经济业务分析。此项经济业务一方面使泰山有限责任公司的银行存款减少,应贷记"银行存款"科目;另一方面泰山有限责任公司偿还了到期的借款,使短期借款这项负债减少,应借记"短期借款"科目。

步骤二,根据步骤一的分析,编制会计分录如下。

借:短期借款——工商银行　　230 000

　贷:银行存款　　230 000

2. 上交税费

工作实例4-7　泰山有限责任公司以银行存款上交上月应交未交的增值税18 800元、消费税2 300元。要求编制会计分录。

步骤一,经济业务分析。此项经济业务一方面使泰山有限责任公司银行存款减少,应贷记"银行存款"科目;另一方面,泰山有限责任公司实际交纳了增值税、消费税,使应交税费这项负债减少,应借记"应交税费"科目。

步骤二,根据步骤一的分析,编制会计分录如下。

借:应交税费——应交增值税(已交税金)　　18 800

　　　　——应交消费税　　2 300

　贷:银行存款　　21 100

3. 支付利润

工作实例4-8　按董事会股利分配决议,泰山有限责任公司以银行存款向投资者支付利润45 000元。要求编制会计分录。

步骤一,经济业务分析。此项经济业务一方面使泰山有限责任公司银行存款减少,应贷记"银行存款"科目;另一方面泰山有限责任公司实际向投资者支付了现金利润,使应付股利这项负债减少,应借记"应付股利"科目。

步骤二,根据步骤一的分析,编制会计分录如下。

借:应付股利——某投资者　　45 000

　　贷:银行存款　　45 000

即问即答

什么是企业?企业如何设立?企业设立的目的是什么?

项目二　核算供应过程的经济业务

任务描述

工业企业的经营过程包括供应过程、生产过程和销售过程3个环节。企业的经营资金依次顺序经过这3个过程不断地循环和周转。而会计核算就是要反映、监督经营资金的循环和周转及其保值和增值情况。在供应过程中,企业要购置生产所需的机器设备及生产用各种材料,企业经营资金由货币资金转化成固定资产、存货等。因此,供应过程主要的经济业务是固定资产购建,材料采购成本的计算和结转,根据经济合同和相关结算制度进行账款的结算等。

教学准备

- 根据项目、任务的需要,将学生分组,并下发学生工作页。
- 撰写教案、备课笔记,并制作本项目的课件。
- 根据项目任务,选择项目教学、小组讨论、案例教学等方法。
- 明确本项目的考核内容、考核要求及评分标准。

相关知识

一、材料采购业务的核算

(一)材料采购成本的计算

1. 材料采购成本的构成

材料采购成本是指为采购材料而发生的各项费用,包括买价和采购费用。

① 材料的买价:指供货发票上记载的销售价格,但不包括按规定可以抵扣的增值税。

② 采购费用:指采购材料过程中发生的应计入材料采购成本的合理费用。具体如下。

- 运杂费:指材料在运输过程中发生的运输费、装卸费、保险费、包装费和仓储费等。
- 合理损耗:指材料在采购过程中发生的、在合理损耗范围内的损毁、短缺等。
- 挑选整理费:指需要经过挑选整理才能使用的购入材料在挑选过程中发生的工资、费用支出以及物资损耗的价值。
- 其他费用:指其他可直接归属于材料采购成本的费用,如进口材料的关税等。

需说明的是:材料入库后发生的费用,以及采购人员的工资、差旅费和采购部门的经费不能计入材料采购成本,应计入期间费用。

另外,营改增后,运输业、物流业要交增值税,其中,运输业增值税税率为11%,物流服务业(装卸搬运业)增值税税率为6%。小规模统一为3%征收率。因此材料采购发生的可抵扣运输费、装卸费中的增值税进项税额不计入材料采购成本。

2. 材料采购费用的分配

材料在采购过程中发生的采购费用,凡由某种材料负担的,直接计入该材料的采购成本;由几种材料共同负担的采购费用,则需按材料的数量、重量、体积、买价等标准,在这几种材料之间进行分配,根据分配的各材料应负担的采购费用计入材料的采购成本。

(二)材料采购过程核算应设置的账户

为完成供应过程核算的主要任务,须设置以下账户。

① 材料采购:用来归集和计算企业购入材料的采购成本。属于资产类账户,增加记借方,减少记贷方。企业购入材料时,其价款和采购费用,按应计入材料采购成本的金额,记入该账户的借方;当材料验收入库时,按计算出的实际采购成本,记入该账户的贷方。该账户的期末余额在借方,反映企业在途材料的采购成本。该账户可按材料的供应单位和材料品种设置明细分类账进行明细核算。

② 原材料:用来核算企业库存原材料的收入、发出及结存的增减变化情况。该账户属于资产类,增加记借方,减少记贷方。购入材料验收入库时,按实际采购成本记入该账户的借方;材料发出时,按其实际成本记入该账户的贷方。该账户的期末余额在借方,反映的是企业库存原材料的实际成本。该账户可按材料的品种、规格设置明细分类账进行明细核算。

③ 应付账款:用来核算企业因购买材料、商品等经营活动应支付的款项。该账户属于负债类,增加记贷方,减少记借方。企业购入材料、商品等业务,但货款尚未支付时,按应付的款项记入该账户的贷方;实际支付前欠款项时,记入该账户的借方。该账户的期末余额在贷方,反映企业尚未支付的应付账款余额。该账户可按债权人设置明细分类账进行明细核算。

④ 应付票据:用来核算企业购买材料时开出、承兑的商业汇票,包括银行承兑汇票和商业承兑汇票。该账户属于负债类,增加记贷方,减少记借方。企业开出、承兑商业汇票或以承兑商业汇票抵付货款、应付账款时,按票面金额记入该账户的贷方;商业汇票到期支付票款时,按票面金额记入该账户的借方。该账户的期末余额在贷方,反映企业尚未到期的商业汇票的票面金额。

⑤ 应交税费:用来核算企业按《税法》规定应交纳的增值税、营业税、消费税、企业所得税、教育费附加等各种税费的计提及交纳情况。该账户属于负债类,增加记贷方,减少记借方。贷方登记按《税法》规定计提的应交未交的税金,借方登记实际交纳的各种税费,期末贷

方余额表示应交未交的税费,若是借方余额表示多交的税费。该账户应按税种设置明细分类账进行明细核算。

⑥ 应交税费——应交增值税:用来核算增值税的交纳情况。增值税是对我国境内销售、进口货物,或者提供加工与修理修配劳务、提供应税服务等的增值额征收的一种流转税。按《税法》的规定,凡在我国境内销售、进口货物,或提供加工与修理修配劳务、提供应税服务的单位和个人为增值税的纳税义务人,应依法交纳增值税。按照纳税人的经营规模及会计核算的健全程度,增值税纳税人分为一般纳税人和小规模纳税人。一般纳税人应纳增值税额,根据当期销项税额抵扣当期进项税额后的差额确定;小规模纳税人应纳增值税额,根据销售额和规定的征收率计算确定。本书以下均以一般纳税人为例,说明应交增值税的核算方法。

提醒

根据《税法》的规定,一般纳税人应纳增值税额的计算公式为:

应纳税额 = 销项税额 - 进项税额

纳税人在销售货物或提供应税劳务、应税服务时,应按销售额和规定的税率计算并向购买方收取的增值税额为销项税额。

纳税人在购进货物或接受劳务、应税服务时,所支付的增值税额为进项税额。准予从销项税额中抵扣的进项税额通常包括:从销售方取得的增值税专用发票上注明的增值税额,从海关取得的完税凭证上注明的增值税额。当期的进项税额若抵扣不完,可以留待下期继续抵扣。

为了核算企业应交增值税的发生、抵扣、交纳等情况,应在“应交税费——应交增值税”明细分类账内设置“进项税额”、“已交税金”、“销项税额”等专栏。企业采购物资等,按可抵扣的增值税额,记入该账户的借方(进项税额);销售货物或提供应税劳务或服务时,按应收取的增值税额,记入该账户的贷方(销项税额);企业交纳的增值税,按实际上交税额记入该账户的借方(已交税金)。该账户的期末余额若在贷方,反映企业应交纳的增值税;期末余额若在借方,反映企业尚未抵扣的进项税额。

二、固定资产购置业务的核算

(一) 固定资产的含义及特征

固定资产是指同时具有以下特征的资产:一是为生产产品、提供劳务或出租等经营而持有的资产;二是使用寿命超过 1 个会计年度的资产。因此,固定资产相对于存货具如下鲜明的特点。

① 企业购置固定资产的目的是使用而不是出售。

② 企业使用固定资产的期限较长,使用寿命一般超过 1 个会计年度。

（二）账户设置

① 固定资产：用来核算企业持有的固定资产的原值。该账户属于资产类，增加记借方，减少记贷方。企业购置的固定资产以购置成本为原值记入该账户的借方。固定资产的购置成本包括：实际支付的购买价款，相关税费，使固定资产达到预定可使用状态前所发生的可归属于该项资产的运输费、装卸费、包装费、保险费、安装费等。处置固定资产时，按其账面原值记入该账户的贷方。该账户的期末余额在借方，反映企业持有的固定资产的原值。

② 累计折旧：用来反映企业持有固定资产的累计折旧。该账户属于资产类，其结构比较特别：增加记贷方，减少记借方，因为它是"固定资产"账户的备抵账户。企业的固定资产在使用过程中损耗的价值。以折旧的方式按月计提，记入该账户的贷方，反映的是企业固定资产原值的减少；处置固定资产时，按其已计提的累计折旧额，记入该账户的借方。该账户的期末余额在贷方，反映的是企业持有的固定资产已计提的累计折旧，即已损耗的价值。"固定资产"账户的期末借方余额减去"累计折旧"账户的期末贷方余额，即为企业持有的固定资产的净值。

任务设计及工作过程

1. 材料采购过程主要经济业务的核算

工作实例 4－9　泰山有限责任公司从东方公司购入 A 材料 1 000 千克，单价 100 元，增值税专用发票上注明价款 100 000 元、增值税 17 000 元；B 材料 3 000 千克，单价 20 元，增值税专用发票上注明价款 60 000 元、增值税 10 200 元。款项以商业汇票支付，材料尚未到达。要求编制会计分录。

步骤一，经济业务分析。此项采购业务一方面发生了采购价款，应计入材料的采购成本，借记"材料采购"科目；同时，增值税专用发票上注明的因采购材料而支付的增值税进项税额，可以在销项税额中进行抵扣，借记"应交税费——应交增值税（进项税额）"科目；另一方面，企业以商业汇票支付了账款，使应付票据这项负债增加，应贷记"应付票据"科目。

步骤二，根据步骤一的分析，编制会计分录如下。

借：材料采购——A 材料	100 000	
——B 材料	60 000	
应交税费——应交增值税（进项税额）	27 200	
贷：应付票据		187 200

工作实例 4－10　泰山有限责任公司从东方公司购入的 A、B 材料运至企业，以银行存款支付运杂费 4 000 元。要求编制会计分录。（为简化核算，不考虑运费的增值税，下同。）

步骤一，经济业务分析。此项经济业务一方面发生了计入材料采购成本的运杂费，应借记"材料采购"科目；另一方面使企业的银行存款减少，应贷记"银行存款"科目。

由于材料采购需按材料的供应单位和品种进行明细核算，因此对由 A、B 材料共同负担的采购费用需采用一定的标准进行分配后，分别计入 A、B 材料的采购成本。若选择材料重量为分配标准，则：

$$\text{每千克材料应负担的运杂费}=\frac{4\ 000}{1\ 000+3\ 000}=1(\text{元/千克})$$

A 材料负担的运杂费 =1 000 ×1 =1 000(元)

B 材料负担的运杂费 =3 000 ×1 =3 000(元)

步骤二,根据步骤一的分析,编制会计分录如下。

借:材料采购——A 材料	1 000	
——B 材料	3 000	
贷:银行存款		4 000

工作实例 4-11　泰山有限责任公司从北方公司购入 C 材料 2 000 件,单价 10 元,增值税专用发票上注明价款 20 000 元、增值税 3 400 元,代垫运费 2 000 元,款项以银行存款支付,材料尚未运至企业。要求编制会计分录。

步骤一,经济业务分析。此项经济业务分析时,应注意的是其中的代垫运费,它是指由供货方支付但应由购买方负担的运杂费,从购买方的角度,一方面发生了采购材料的价款及运杂费,应借记“材料采购”科目;另一方面由于此运费已由供货方代为垫付给运输单位,所以将运费与购货账款等一并支付给供货单位,应贷记“银行存款”科目。

步骤二,根据步骤一的分析,编制会计分录如下。

借:材料采购——C 材料	22 000	
应交税费——应交增值税(进项税额)	3 400	
贷:银行存款		25 400

工作实例 4-12　泰山有限责任公司以银行存款支付前欠南方公司采购材料账款 54 000 元。要求编制会计分录。

步骤一,经济业务分析。此项经济业务一方面偿还了前欠账款使负债减少,应借记“应付账款”科目;另一方面使企业的银行存款减少,应贷记“银行存款”科目。

步骤二,根据步骤一的分析,编制会计分录如下。

借:应付账款——南方公司	54 000	
贷:银行存款		54 000

工作实例 4-13　结转本期验收入库材料的采购成本。要求编制会计分录。

步骤一,经济业务分析。对那些已经完成了采购过程并验收入库的外购材料,应根据“材料采购”账户归集的买价和采购费用,计算出其实际采购成本,并按实际采购成本将其从“材料采购”账户的贷方,结转到“原材料”账户的借方,以反映库存原材料的增加。由于企业采购业务发生频繁,为了简化入库材料的日常核算工作,企业一般在月末对本月入库材料进行汇总后,编制收料凭证汇总表,并据以编制结转入库材料成本的会计分录。

根据前述各项经济业务,本月从东方公司购入的 A、B 材料已完成采购过程验收入库。通过计算,A 材料 1 000 千克,总成本 101 000 元,单位成本 101 元;B 材料 3 000 千克,总成本 63 000 元,单位成本 21 元。

步骤二,根据步骤一的分析,对以上材料进行采购成本的结转,编制会计分录如下。

借:原材料——A 材料	101 000	
——B 材料	63 000	
贷:材料采购——A 材料		101 000

——B材料　　63 000

从北方公司购入的C材料尚未完成采购过程,不能进行采购成本的结转,保留在"材料采购"账户中,反映在途C材料的实际成本。

根据以上会计分录登记的"材料采购"相关明细分类账如下。

借　　材料采购——A材料　　贷

借方		贷方	
9)	100 000		
10)	1 000		
		13)	101 000
本期发生额	101 000	本期发生额	101 000

借　　材料采购——B材料　　贷

借方		贷方	
9)	60 000		
10)	3 000		
		13)	63 000
本期发生额	63 000	本期发生额	63 000

借　　材料采购——C材料　　贷

借方		贷方	
11)	22 000		
本期发生额	22 000		
期末余额	22 000		

即问即答

企业采购材料货物,有几种运输方式?货物运输如何计费?

2. 固定资产的核算

工作实例4-14　泰山有限责任公司从南方公司购入不需安装的设备1台,价款100 000元,增值税专用发票上注明的增值税为17 000元,设备已运至企业并交付使用,以银行存款支付。要求编制会计分录。

步骤一,经济业务分析。此项经济业务一方面使企业的固定资产增加,应按其成本借记"固定资产"科目,购入固定资产所支付的进项税额,按规定可以从销项税额中进行抵扣的,不计入固定资产的成本;另一方面,该业务使企业的银行存款减少,应贷记"银行存款"科目。

步骤二,根据步骤一的分析,编制会计分录如下。

借:固定资产　　100 000
　应交税费——应交增值税(进项税额)　　17 000
　贷:银行存款　　117 000

项目三　核算生产过程的经济业务

任务描述

生产过程既是产品制造过程,又是物化劳动和活劳动的消耗过程。生产过程是生产工人利用固定资产等劳动手段对劳动对象进行加工,从而生产出企业产品的过程。企业为制造产品会发生各种耗费,在供应过程采购的原材料随着生产的领用,形成材料费用;固定资产随着在生产中的损耗,以折旧的形式形成折旧费用;生产工人在生产中的活劳动形成了工资及福利费等人工费;生产车间为管理和组织生产会发生各种间接耗费:这些费用最终经过生产制造过程,形成产品生产成本。因此,生产过程主要的经济业务是生产制造过程中发生的各种费用的归集和分配及产品生产成本的计算和结转。

教学准备

- 根据项目、任务的需要,将学生分组,并下发学生工作页。
- 撰写教案、备课笔记,并制作本项目的课件。
- 根据项目任务,选择项目教学、小组讨论、案例教学等方法。
- 明确本项目的考核内容、考核要求及评分标准。

相关知识

一、生产过程核算的内容

(一) 费用分类

企业在一定期间发生的各项耗费按其与当期产品生产的关联程度,分为生产费用和期间费用。

1. 生产费用

生产费用是指企业为生产一定种类和数量的产品所发生的各种经济资源的耗费,一般包括直接材料、直接人工和制造费用等成本项目。

① 直接材料:指企业在生产产品过程中消耗的、直接用于产品生产、构成产品实体的原料及主要材料、辅助材料和其他直接材料。

② 直接人工:指企业直接从事产品生产工人的各种薪酬,包括工资、福利费、社会保险费等。

③ 制造费用:指企业为生产产品而发生的各种间接费用,包括车间管理和技术人员的各种薪酬,车间使用固定资产的折旧,车间的办公费、水电费、机物料消耗、劳动保护费等。

由此可见,生产费用的发生过程就是产品成本的形成过程。

2. 期间费用

期间费用是指不能直接归属于某个特定产品成本的费用。它随着时间的推移而发生,一般与企业当期的产品销售和经营活动的组织与管理有关,而与当期产品生产过程无直接关系,即容易判断其应归属的会计期间,而难以判断其应归属的产品。因此,对于此类费用,按其发生的期间归集,直接计入当期损益。期间费用包括如下几种。

① 销售费用:指企业为销售产品和材料而发生的各种费用,以及专设销售机构的各项经费,包括销售过程发生的运输费、包装费、保险费、广告费、展销费等。

② 管理费用:指企业为组织和管理生产经营而发生的各种费用,包括行政管理部门的

职工薪酬、物料消耗、办公费、差旅费等。

③ 财务费用:指企业为筹集生产经营所需资金而发生的筹资费用,包括利息支出、支付给金融机构的手续费等。

(二) 费用的处理基础

企业的各项资源变动会引起现金的流动,但由于企业在会计核算中,人为地将连续不断的经营过程划分成相等的会计期间,分期来结算账目和编制财务报告,导致了资源实际变动的期间和现金的实际收付可能分属于不同的会计期间,由此使得在对各项会计要素进行确认、计量和报告时,出现了2种制度选择:一种是收付实现制,另一种是权责发生制。

收付实现制,即按照期间内实际收付的现金来对相关费用项目进行确认、计量和报告的制度;权责发生制,即以权利和责任的发生来决定收入和费用归属期的一项原则。

根据会计准则的规定,企业应当以权责发生制为基础进行会计确认、计量和报告。

根据权责发生制,某项耗费是否应作为本期费用进行确认、计量和报告,不取决于该项耗费是否在本期实际支付,而决定于本期是否受益。凡是本期受益的耗费,不管其款项是否已经支付,就应作为当期的费用进行确认;凡是本期未受益的耗费,即使款项已经在当期支付,也不应作为当期的费用处理;凡是由多个会计期间共同受益的耗费,应当在相关期间内采用适当方法进行合理计量。

因此,企业在生产过程中发生的各项费用有3种情况。

1. 本期支付,本期受益

对于此类耗费,应在其支付时,直接作为当期费用处理。例如,以银行存款支付本月水费4 000元。该项支出为本月受益的耗费,并已在本月实际支付,应在其支付时,直接确认为本月的费用。

2. 本期支付,由本期和以后各期受益

对于此类耗费,应在支付时,将该项支出确认为待摊费用,再采用摊销的方法,将该项支出在受益期内进行分摊,分别确认为各期费用。例如,企业租入办公用房1套,租期3年,支付该房屋装修费用36 000元。由于此项耗费在办公用房的租赁期间均有受益,所以,在实际支付时,不能确认为当月的费用,而是先将其确认为"长期待摊费用"这项资产,并在房屋的租赁期内按月摊销,即每月确认应负担的装修费用1 000元。

3. 本期受益,在以后期间支付

对于此类耗费,应在受益期内,采用计提的方式,确认本期应负担的费用,一方面计入当期费用,另一方面增加当期负债。在实际支付时,冲减前期确认的负债。例如,企业月初从银行借入短期借款2 000 000元,利率7.4%,按季付息,到期还本。从款项借入起,企业即占用了该项资金,发生了相应的借款利息,因此,月末应根据借款的本金和利率计算出当月应负担的利息14 800元,确认为当月财务费用,同时增加当期的应付利息这项负债。季末根据约定实际支付利息时,冲减应付利息这项负债。

二、生产过程核算应设置的账户

为了正确核算和监督生产过程中企业各项费用的发生情况,完成生产成本的计算和期间费用的归集任务，需设置以下账户。

① 生产成本：用来归集和计算产品生产过程中发生的各项生产成本。该账户属于成本类，增加记借方，减少记贷方。借方登记企业发生的各项直接生产成本，包括直接材料、直接人工及期末分配应负担的制造费用；企业已生产完工并验收入库的产成品，按其实际生产成本记入该账户的贷方。该账户的期末余额在借方，反映企业尚未加工完成的在产品成本。该账户应按成本核算对象（如产品的品种等）设置明细分类账，并按照规定的成本项目设置专栏进行明细核算。

② 制造费用：用来归集和分配企业为生产产品而发生的各项间接费用。该账户属于成本类，借方登记增加，贷方登记减少。借方登记企业发生的各项间接费用；期末，按该账户借方归集的间接费用总额，采用一定的方法在各种产品间进行分配，按各种产品分摊的制造费用金额从该账户的贷方，转入“生产成本”账户的借方，结转后该账户无余额。该账户可按不同的生产车间、部门设置明细分类账，并按照费用项目设置专栏进行明细核算。

③ 库存商品：用来核算企业库存商品的增减变化情况。该账户属于资产类，借方登记增加，贷方登记减少。企业产品生产完工并验收入库时，按其实际生产成本记入该账户的借方；企业对外销售产品出库，结转销售成本时，按销售产品的实际生产成本记入该账户的贷方。该账户的期末余额在借方，反映企业库存商品的实际成本。该账户可按产品的种类、品种和规格设置明细分类账进行明细核算。

④ 销售费用：用来核算企业在销售产品和材料过程中发生的各种费用，包括保险费、包装费、展览费、广告费、运输费、装卸费，以及为销售本企业产品而专设的销售机构（含销售网点、售后服务网点等）的职工薪酬、业务费、固定资产折旧及修理费等经营费用。该账户属于损益类中的费用类，借方登记增加，贷方登记减少。企业在产品和材料销售过程中发生的各项销售费用，记入该账户的借方；期末，应将该账户的余额转入“本年利润”账户，结转后该账户无余额。该账户可按费用项目设置专栏进行明细核算。

⑤ 管理费用：用来核算企业为组织和管理生产经营所发生的管理费用，包括企业在筹建期间发生的开办费、董事会和行政管理部门在企业经营管理中发生的或者应由企业统一负担的公司经费（包括行政管理部门职工薪酬、固定资产折旧及修理费、物料消耗、低值易耗品摊销、办公费和差旅费等）、工会经费、董事会费（包括董事会成员津贴、会议费和差旅费等）、房产税、车船使用税、土地使用税、印花税、聘请中介机构费、咨询费、诉讼费、业务招待费、技术转让费、排污费用等。该账户属于损益类中的费用类，增加记借方，减少记贷方。企业发生的各项管理费用，记入该账户的借方；期末，应将该账户的余额转入“本年利润”账户，结转后该账户无余额。该账户可按费用项目设置专栏进行明细核算。

⑥ 财务费用：用来核算企业为筹集生产经营所需资金而发生的筹资费用，包括利息支出、汇兑损益，以及向金融机构支付的手续费等。该账户属于损益类中的费用类，增加记借方，减少记贷方。企业发生的各项财务费用，记入该账户的借方；期末，应将该账户的余额转入“本年利润”账户，结转后该账户无余额。该账户可按费用项目设置专栏进行明细核算。

任务设计及工作过程

(一)生产经营费用的归集

1. 材料费用的核算

工作实例 4-15 12月末,泰山有限责任公司根据本月领料凭证进行汇总,编制材料发出汇总表,如表4.1所示。要求编制会计分录。

表4.1 材料发出汇总表

项 目	A材料		B材料		合 计
	数量/千克	金额/元	数量/千克	金额/元	
生产车间领用					
甲产品耗用	499	50 400.00	1 500	31 200.00	81 600.00
乙产品耗用	599	60 480.00	400	8 320.00	68 800.00
车间一般耗用	798	80 640.00	600	12 480.00	93 120.00
小 计	1 896	191 520.00	2 500	52 000.00	243 520.00
行政管理部门领用			10	208.00	208.00
合 计	1 896	191 520.00	2 510	52 208.00	243 728.00

步骤一,经济业务分析。企业消耗材料的会计处理方法是:对于生产车间直接用于某种产品生产的原材料,可直接记入该产品生产成本明细账中的“直接材料”成本项目中;对于几种产品共同耗用的原材料,应采用适当的方法,将材料费用在各种产品之间进行分配,分别记入各产品生产成本明细账中;对于生产车间耗用的材料费用,应记入“制造费用”账户;对于企业行政管理部门用于其他方面的材料费用,应记入“管理费用”等账户。

根据表4.1的资料,本月发出材料费用如下。

① 甲产品耗用:为甲产品生产耗费的直接材料,应直接计入甲产品生产成本,借记“生产成本——甲产品(直接材料)”科目。

② 乙产品耗用:为乙产品生产耗费的直接材料,应直接计入乙产品生产成本,借记“生产成本——乙产品(直接材料)”科目。

③ 生产车间一般耗用:为生产甲、乙2种产品共同耗费的间接材料,应先归集在制造费用中,待期末采用一定的方法在甲、乙产品间进行分配,借记“制造费用——基本生产车间”科目。

④ 行政管理部门领用:为行政管理部门发生的物料消耗,应计入当期的管理费用,借记“管理费用”科目。

另一方面,由于各部门领用了原材料,使仓库中库存的原材料减少,应贷记“原材料”科目。

步骤二,根据步骤一的分析,编制会计分录如下。

借:生产成本——甲 81 600

——乙 68 800
制造费用 93 120
管理费用 208
贷:原材料——A材料 191 520
——B材料 52 208

2. 人工费用的核算

人工费用的构成。人工费用即企业支付的职工薪酬,是指企业为获得职工提供的服务而给予各种形式的报酬及其他相关支出,包括如下几项。

① 工资总额:包括职工计时工资、计件工资、奖金、津贴和补贴等。

② 职工福利费:指为职工集体提供的福利,如职工生活困难补助等。对于非独立法人和非对外营利性的职工医院、浴室、食堂餐饮等支出均可在福利费中列支。

③ 住房公积金:指企业按国家规定的基准和比例计算,向住房公积金管理机构交纳的住房公积金。

④ 社会保险费:指企业按国家规定的基准和比例计算,向社会保险经办机构交纳的医疗保险金、基本养老保险金、补充养老保险金、失业保险费、工伤保险费和生育保险费等社会保险,以及以商业保险形式提供给职工的各种保险待遇。

⑤ 工会经费和职工教育经费:指根据国家规定的基准和比例计算,用于开展工会活动和职工教育及技能培训的开支。

⑥ 非货币性福利:指企业提供给职工的实物福利、服务性福利、优惠性福利及有偿休假性福利等。

⑦ 其他职工薪酬:如因解除与职工的劳动关系而给予的补偿,以及其他与获得职工服务相关的支出。

人工费用的会计处理:职工薪酬应按职工的岗位进行处理,直接进行产品生产的工人薪酬记入"生产成本——基本生产成本(直接人工)"账户;生产车间管理及技术人员的职工薪酬,记入"制造费用——基本生产车间"账户;企业行政管理部门人员的职工薪酬,记入"管理费用"账户;销售人员的职工薪酬,借记"销售费用"科目。

为了反映职工薪酬的提取、结算、使用等情况,企业应设置"应付职工薪酬"账户,用来核算企业根据有关规定应付给职工的各种薪酬。该账户属于负债类,增加记贷方,减少记借方。企业计算出的应付各项职工薪酬记入该账户的贷方,实际发放职工薪酬时记入该账户的借方。该账户的期末余额在贷方,反映企业应付未付的职工薪酬。该账户可按"工资"、"职工福利"、"社会保险费"、"工会经费"、"职工教育经费"、"非货币性福利"等设置明细分类账进行明细核算。

提醒

企业在确认各项应付职工薪酬这项负债时,应注意区分其是否有国家明确规定的相关计提标准分别计量:对于国家规定了计提基础和计提比例的,应当按照国家规定的标准计提。例如,应向社会保险经办机构等交纳的医疗保险费、养老保险费、失业保险费、工伤保险费、生育保险费等社会保险费,应向住房公积金管理机构交存的住房公积金,以及工会经费和职工教育经费等。国家没有规定计提的基础和计提比例的,企业应当根据历史数据和实际情况,合理预计当期应付职工薪酬。当期实际发生金额大于预计金额的,应当补提应付职工薪酬;当期实际发生的金额小于预计金额的,应当冲回多提的应付职工薪酬。

工作实例 4-16 泰山有限责任公司结算12月份应付职工工资83 000元,其中,甲产品生产工人45人,工资20 000元;乙产品生产工人20人,工资13 000元;车间管理人员10人,工资25 000元;销售部门人员5人,工资15 000元;行政管理部门4人,工资10 000元。要求编制会计分录。

步骤一,经济业务分析。企业结算出的职工工资,应在职工为其服务的当月,一方面将其确认为应付职工薪酬这项负债,贷记"应付职工薪酬——工资"科目;另一方面,根据职工提供服务的受益对象,分别计入产品生产成本或当期损益。

步骤二,根据上述人工费用会计处理原则,编制会计分录如下。

借:生产成本——甲产品　　20 000
　　　　　　——乙产品　　13 000
　　制造费用　　25 000
　　销售费用　　15 000
　　管理费用　　10 000
　　贷:应付职工薪酬——工资　　83 000

工作实例 4-17 根据国家规定的计提标准,泰山有限责任公司分别按职工工资总额的6%、10%计提本月应向社会保险经办机构交纳的职工社会医疗保险和社会养老保险。要求编制会计分录。

步骤一,经济业务分析。根据国家规定的计提基础和计提标准,本月应计提的社会保险费为:

甲产品生产工人社会保险费:20 000×(6%+10%)=3 200(元)
乙产品生产工人社会保险费:13 000×(6%+10%)=2 080(元)
车间管理人员社会保险费:25 000×(6%+10%)=4 000(元)
销售部门人员社会保险费:15 000×(6%+10%)=2 400(元)
行政管理部门人员社会保险费:10 000×(6%+10%)=1 600(元)
合计:13 280(元)

企业计提的社会保险费,一方面,作为应付职工薪酬的构成部分,贷记"应付职工薪酬"科目;另一方面,根据职工提供服务的受益对象,分别计入产品生产成本或当期损益,其中,从事产品生产的直接生产工人社会保险费借记"生产成本"科目,车间管理人员社会保险费借记"制造费用"科目,销售部门人员社会保险费借记"销售费用"科目,行政管理部门人员社会保险费借记"管理费用"科目。

步骤二,根据上述分析,编制会计分录如下。

借:生产成本——甲产品　　3 200
　　　　　　——乙产品　　2 080
　　制造费用　　4 000

销售费用　　2 400
管理费用　　1 600
贷:应付职工薪酬——社会保险费　　13 280

工作实例4-18　泰山有限责任公司下设1所职工食堂,每月按在岗职工人数每人补贴食堂100元。要求编制会计分录。

步骤一,经济业务分析。对于职工的伙食补贴,国家并无规定的计提基础和计提标准,企业每月应根据在岗职工数量及岗位分布情况、相关历史经验数据等计算需要补贴食堂的金额,确定本月因职工食堂而需要承担的福利费金额。

甲产品生产工人福利费:45×100=4 500(元)

乙产品生产工人福利费:20×100=2 000(元)

车间管理人员福利费:10×100=1 000(元)

销售部门人员福利费:5×100=500(元)

行政管理部门人员福利费:4×100=400(元)

合计:8 400(元)

企业计提的福利费,一方面,作为应付职工薪酬的构成部分,贷记"应付职工薪酬"科目;另一方面,根据职工提供服务的受益对象,分别计入产品生产成本或当期损益,其中,从事产品生产的直接生产工人福利费借记"生产成本"科目,车间管理人员福利费借记"制造费用"科目,销售部门人员福利费借记"销售费用"科目,行政管理部门人员福利费借记"管理费用"科目。

步骤二,根据上述分析,编制会计分录如下。

借:生产成本——甲产品　　4 500
　　　　　——乙产品　　2 000
　制造费用　　1 000
　销售费用　　500
　管理费用　　400
　贷:应付职工薪酬——职工福利　　8 400

工作实例4-19　泰山有限责任公司以银行存款向社保局交纳职工社会保险费13 280元。要求编制会计分录。

步骤一,经济业务分析。此项经济业务一方面使应付职工薪酬这项负债减少,应借记"应付职工薪酬"科目;另一方面使企业的银行存款减少,应贷记"银行存款"科目。

步骤二,根据上述分析,编制会计分录如下。

借:应付职工薪酬——社会保险费　　13 280
　贷:银行存款　　13 280

工作实例4-20　泰山有限责任公司委托银行代发工资83 000元。要求编制会计分录。

步骤一,经济业务分析。此项经济业务为企业用银行存款发放了职工工资,一方面使应付职工薪酬这项负债减少,应借记"应付职工薪酬"科目;另一方面使企业的银行存款减少,应贷记"银行存款"科目。

步骤二,根据步骤一的分析,编制会计分录如下。

借:应付职工薪酬——工资　　83 000

　　贷:银行存款　　83 000

工作实例4-21　泰山有限责任公司以现金支付职工张绣花生活困难补助600元。要求编制会计分录。

步骤一,经济业务分析。此项经济业务一方面实际支付了职工福利,使应付职工薪酬这项负债减少,应借记“应付职工薪酬”科目;另一方面使企业的现金减少,应贷记“库存现金”科目。

步骤二,根据步骤一的分析,编制会计分录如下。

借:应付职工薪酬——职工福利　　600

　　贷:库存现金　　600

3. 固定资产费用的核算

固定资产的费用包括固定资产折旧费用,以及固定资产在使用过程中发生的更新改造、修理费用等后继支出。固定资产在其使用寿命内,虽然能够保持其原有的实物形态,但其价值却在使用中逐渐损耗,这部分损耗的价值称为折旧。

企业对于每项固定资产,应在其使用寿命内,根据确定的折旧方法,计算该项固定资产本月折旧额。一方面,减少固定资产账面价值,贷记“累计折旧”科目。另一方面,根据固定资产的用途,分别计入产品成本和期间费用,借记相关成本费用科目:生产车间使用的固定资产,计提的折旧应计入制造费用,借记“制造费用”科目;行政管理部门使用的固定资产,计提的折旧应计入管理费用,借记“管理费用”科目;销售部门使用的固定资产,计提的折旧应计入销售费用,借记“销售费用”科目;经营租出的固定资产,计提的折旧应计入其他业务成本,借记“其他业务成本”科目。

提醒

根据《企业会计准则》,企业生产车间和行政管理部门发生的固定资产修理费用,计入管理费用;销售机构发生的固定资产修理费用,计入销售费用。

工作实例4-22　泰山有限责任公司按确定的方法计提12月份固定资产折旧18 000元,其中,生产车间使用的固定资产折旧8 000元,行政管理部门使用的固定资产折旧7 000元,销售机构使用的固定资产折旧3 000元。要求编制会计分录。

步骤一,经济业务分析。企业按月计提的折旧,一方面,根据固定资产的用途计入相关的成本费用,其中,生产车间的固定资产折旧借记“制造费用”科目,行政管理部门的固定资产折旧借记“管理费用”科目,销售机构的固定资产折旧借记“销售费用”科目;另一方面,固定资产因使用而损耗的价值应贷记“累计折旧”科目。

步骤二,根据步骤一的分析,编制会计分录如下。

借:制造费用——折旧费　　8 000

　　管理费用——折旧费　　7 000

　　销售费用——折旧费　　3 000

贷:累计折旧　　18 000

工作实例4－23　泰山有限责任公司对生产车间的1台生产机器进行日常修理,以银行存款支付修理费1 500元。要求编制会计分录。

步骤一,经济业务分析。此项经济业务一方面发生了生产车间的固定资产修理费,应计入本期管理费用,借记"管理费用"科目;另一方面使企业的银行存款减少,应贷记"银行存款"科目。

步骤二,根据步骤一的分析,编制会计分录如下。

借:管理费用——修理费　　1 500
　贷:银行存款　　1 500

4. 其他费用的核算

工作实例4－24　泰山有限责任公司以银行存款支付12月份水电费8 000元,其中,生产车间应负担4 500元,行政管理部门应负担3 500元。要求编制会计分录。

步骤一,经济业务分析。此项经济业务一方面发生了生产车间和行政管理部门的电费,其中,生产车间的电费应计入制造费用,借记"制造费用"科目;行政管理部门的电费应计入管理费用,借记"管理费用"科目。另一方面,这项经济业务使企业的银行存款减少,应贷记"银行存款"科目。

步骤二,根据步骤一的分析,编制会计分录如下。

借:制造费用——水电费　　4 500
　管理费用——水电费　　3 500
　贷:银行存款　　8 000

工作实例4－25　泰山有限责任公司行政管理人员王小波报销差旅费3 500元,原预借4 000元,余款交回现金。要求编制会计分录。

步骤一,经济业务分析。此项经济业务一方面使当期期间费用增加,由于是行政管理人员的差旅费用,应计入管理费用,借记"管理费用"科目;同时,原预借差旅费剩余部分交回现金,企业现金增加,应借记"库存现金"科目。另一方面,由于报销了差旅费并交回余款,职工预借企业款项已结清,应贷记"其他应收款"科目。

步骤二,根据步骤一的分析,编制会计分录如下。

借:管理费用　　3 500
　库存现金　　500
　贷:其他应收款——王小波　　4 000

工作实例4－26　泰山有限责任公司以银行存款支付预订下一年度报刊杂志费5 800元。要求编制会计分录。

步骤一,经济业务分析。预订下一年度的报刊杂志,虽然款项在本月实际支付,但其受益期为下一年度各月份,此时,企业应设置"长期待摊费用"账户。该账户根据资产类"长期待摊费用"科目设置,用来核算已经支付但应由本期和以后各期负担的分摊期限在1年以上的各项费用,如以经营租赁方式租入的固定资产发生的改良支出等。企业发生长期待摊费用时,记入该账户的借方;在受益期内摊销时,记入该账户的贷方。该账户的期末余额在借方,反映企业尚未摊销完毕的长期待摊费用。该账户可按费用项目设置明细分类账进行明细核算。因此,此项经济业务一方面使企业长期待摊费用增加,应借记“长期待摊费用”科目;另一方面使企业的银行存款减少,应贷记“银行存款”科目。

步骤二,根据步骤一的分析,编制会计分录如下。

借:长期待摊费用——报刊费　　5 800

　　贷:银行存款　　5 800

在下一年度,对此项长期待摊费用应按月摊销计入各月的损益。

工作实例 4-27　泰山有限责任公司摊销应由本月负担的租入行政办公用房装修费 2 800 元。要求编制会计分录。

步骤一,经济业务分析。租入行政办公用房屋装修费属于经营租入固定资产的改良支出,在发生时记入“长期待摊费用”账户,在房屋的租赁期内按月摊销计入各月损益。摊销时一方面本期的相关成本费用增加,借记相关成本费用科目;另一方面长期待摊费用减少,贷记“长期待摊费用”科目。行政办公用房的费用应计入管理费用。

步骤二,根据步骤一的分析,编制会计分录如下。

借:管理费用　　2 800

　　贷:长期待摊费用——装修费　　2 800

工作实例 4-28　泰山有限责任公司计提 12 月借款利息 4 000 元。要求编制会计分录。

步骤一,经济业务分析。企业按月计提按季支付利息的短期借款及按年支付利息的长期借款利息的会计处理是:企业的借款利息,可直接归属于符合资本化条件的资产购建或生产的,应当予以资本化,计入符合资本化条件的资产成本;其他借款利息,应当在发生时根据其发生额确认为财务费用,计入当期损益,借记“财务费用”科目,同时增加当期应付利息这项负债,贷记“应付利息”科目。

步骤二,根据步骤一的分析,编制会计分录如下。

借:财务费用——利息　　4 000

　　贷:应付利息　　4 000

工作实例 4-29　泰山有限责任公司以银行存款支付本季度短期借款利息 12 000 元。要求编制会计分录。

步骤一,经济业务分析。此项经济业务一方面使企业的银行存款减少,应贷记“银行存款”科目;另一方面,由于企业按月计提了短期借款利息,所以在实际支付借款利息时,应冲减应付利息这项负债,借记“应付利息”科目。

步骤二,根据步骤一的分析,编制会计分录如下。

借:应付利息　　12 000

　　贷:银行存款　　12 000

5. 制造费用的分配

工作实例 4-30　泰山有限责任公司将本月制造费用按生产工人工时比例在甲、乙产品之间进行分配。要求编制会计分录。

步骤一,经济业务分析。根据生产车间工时记录,本月甲产品生产工时为 6 000 工时,乙产品生产工时为 4 000 工时。根据“制造费用”账户记录,本月共发生制造费用

135 620元。

借	制造费用		贷
15)	93 120		
16)	25 000		
17)	4 000		
18)	1 000		
22)	8 000		
24)	4 500	31)	135 620
本期发生额	135 620	本期发生额	135 620

按甲、乙2种产品的生产工人工时比例进行分配，则：

每一生产工时应分摊的制造费用=135 620÷(6 000+4 000)=13.562(元/小时)

甲产品分摊的制造费用=6 000×13.562=81 372(元)

乙产品分摊的制造费用=4 000×13.562=54 248(元)

“制造费用”账户中归集的是甲、乙2种产品的共同成本，也属于产品成本的重要构成部分，因此，计算出甲、乙2种产品应负担的制造费用后，应将其从“制造费用”账户的贷方结转到甲、乙2种产品的“生产成本”账户的借方，结转后“制造费用”账户应无余额。

步骤二，根据步骤一的分析，编制会计分录如下。

借：生产成本——甲产品　　81 372

　　　　　　——乙产品　　54 248

　贷：制造费用　　135 620

（二）完工产品生产成本的计算和结转

工作实例4-31　甲产品12月初在产品1 000件，成本80 900元，其中，直接材料59 700元，直接人工15 000元，制造费用6 200元，月末全部完工验收入库。乙产品无期初在产品，本月投产1000件，月末尚未完工。要求编制会计分录。

步骤一，经济业务分析。根据甲产品的“生产成本”账户记录，本月共发生了甲产品的生产成本190 672元，其中，直接材料81 600元，直接人工27 700元，制造费用81 372元。因此，月末甲产品归集的生产费用合计金额为271 527元。由于甲产品1 000件期末全部完工，所以这1 000件甲产品的总成本为271 527元，单位成本为271.53元。甲产品完成了加工过程并验收入库，在计算出实际成本后，应将其从“生产成本”账户的贷方结转到“库存商品”账户的借方，按甲产品的实际生产成本反映库存商品的增加。

根据乙产品的“生产成本”账户记录，至本月末共归集了乙产品的生产成本140 128元，其中，直接材料68 800元，直接人工17 080元，制造费用54 248元。由于乙产品1 000件全部未完工，所以其“生产成本”账户中归集的是乙产品期末在产品的成本，保留在乙产品“生产成本”账户的借方，待下期继续归集乙产品的生产成本。乙产品的生产成本明细账如表4.2所示。

表 4.2　　生产成本明细账

产品名称:乙产品

第×页　　元

2014 年		凭证		摘要	成本项目			
月	日	字	号		直接材料	直接人工	制造费用	合计
3	15			生产工人人工费		17 080		17 080
	31			耗用材料费用	68 800			68 800
	31			结转制造费用			54 248	54 248
	31			生产费用合计	68 800	17 080	54 248	140 128
	31			期末余额	68 800	17 080	54 248	140 128

产品完工入库结转成本时,一方面使资产增加,应记入“库存商品”账户的借方;另一方面完工产品入库,使生产过程占用的资金减少,应记入“生产成本”账户的贷方。

步骤二,根据上述分析,依据甲产品成本计算单(见表4.3),编制会计分录如下。

借:库存商品——甲产品　　272 472

　贷:生产成本——甲产品　　272 472

表 4.3　　甲产品成本计算单　　元

成本项目	甲产品	
	总成本	单位成本
直接材料	141 300	141.30
直接人工	42 700	42.70
制造费用	88 472	88.47
生产成本	272 472	272.47

注:完工数量:1 000 件;在产品数量:0 件

根据以上会计分录登记的生产成本明细账如表 4.4 所示。

表 4.4　　生产成本明细账

产品名称:甲产品

第×页　　元

2014 年		凭证		摘要	成本项目			
月	日	字	号		直接材料	直接人工	制造费用	合计
12	1			期初余额	59 700	15 000	6 200	80 900
12	15			产品生产工人费用		27 700		27 700
	31			耗用材料费用	81 600			81 600
	31			结转制造费用			82 272	82 272
	31			生产费用合计	141 300	42 700	88 472	272 472
	31			结转完工产品成本	141 300	42 700	88 472	272 472

将制造费用分配至各产品的生产成本之后,应计入产品成本的直接材料费用、直接人工费用、制造费用等都已归集在"生产成本"账户的借方,在此基础上可以进行产品成本的计算。产品成本计算是指在产品完工之后,编制产品成本计算单,计算验收入库的完工产品总成本和单位成本,为确定库存商品入账价值和计算产品销售成本提供计价依据。

企业应按产品品种设置生产成本明细账,用来核算、归集应计入各种产品生产成本的各项生产费用。月末,如果某种产品全部完工,该产品生产成本明细账所归集的费用总额即为该种完工产品的总成本;如果某种产品全部没有完工,该产品生产成本明细账所归集的费用总额即为该种产品在产品的总成本;如果某种产品部分完工,该产品生产成本明细账所归集的费用总额,还应采用一定的方法在完工产品和在产品之间进行分配,然后计算出完工产品的总成本和单位成本。生产费用在完工产品和在产品之间进行分配,是成本会计中重要且复杂的成本核算内容,它将在以后的专业会计中介绍。

即问即答

任何一种商品,如你手中使用的手机,它的成本由几部分构成?

项目四　核算销售过程的经济业务

任务描述

在销售过程,企业销售产品,收回货款,一方面,企业产品的成本形成了产品的销售成本,此外,在销售中还发生了各种耗费形成销售费用;同时,企业在取得营业收入时,还应按税法的相关规定,计缴相关税费,形成营业税金。另一方面,取得了销售收入,企业的销售成本和销售费用及税金得到了补偿,其超出部分则形成了企业的利润。因此销售过程主要的经济业务为产品销售收入及销售成本,销售费用的确认,以及由此形成的销售账款的结算。

教学准备

- 根据项目、任务的需要,将学生分组,并下发学生工作页。
- 撰写教案、备课笔记,并制作本项目的课件。
- 根据项目任务,选择项目教学、小组讨论、案例教学等方法。
- 明确本项目的考核内容、考核要求及评分标准。

相关知识

一、销售过程核算应设置的账户

为了组织销售过程的核算,反映和监督销售过程发生的各项业务,完成核算任务,企业需设置以下账户。

① 主营业务收入：用来核算企业确认的销售商品等主营业务的收入。该账户属于损益类中的收入类账户，增加记贷方，减少记借方。企业销售产品业务确认的销售收入记入该账户的贷方，月末，将该账户的余额转入“本年利润”账户，结转后该账户无余额。该账户应按产品类别、品种设置明细分类账。

② 其他业务收入：用来核算企业确认的除主营业务活动以外的其他经营活动实现的收入，包括出租固定资产、出租无形资产、出租包装物和商品、销售材料等实现的收入。该账户属于损益类中的收入类账户，增加记贷方，减少记借方。企业发生其他业务收入时记入该账户的贷方，月末，将该账户的余额转入“本年利润”账户，结转后该账户无余额。该账户按其他业务种类设置明细分类账进行明细核算。

③ 主营业务成本：用来核算企业确认销售产品等主营业务收入时应结转的成本。该账户属于损益类中的费用类账户，增加记借方，减少记贷方。在月末，企业应根据本期销售各种产品等实际生产成本，计算应计入当期损益的已销售产品实际生产成本，并将其从“库存商品”账户的贷方转入“主营业务成本”账户的借方。然后，再将该账户的余额转入“本年利润”账户，结转后该账户无余额。该账户应按产品类别、品种设置明细分类账进行明细核算。

④ 其他业务成本：用来核算企业确认的除主营业务活动以外的其他经营活动所发生的成本，包括销售材料的成本、出租固定资产的折旧额、出租无形资产的摊销额、出租包装物的成本或摊销额等。该账户属于损益类中的费用类，增加记借方，减少记贷方。企业发生的其他业务成本记入该账户的借方，期末，应将该账户的余额转入“本年利润”账户，结转后该账户无余额。该账户按其他业务类型设置明细分类账进行明细核算。

⑤ 销售费用：用来核算企业在销售过程中发生的各种销售费用，包括销售产品、商品、材料过程中发生的广告费、展览费、运输费、保险费及为销售产品而专设的销售机构的经费等。该账户属于损益类中的费用类账户，增加记借方，减少记贷方。企业发生的各项销售费用记入该账户的借方，期末将该账户发生额转入“本年利润”账户，结转后该账户无余额。该账户应按费用项目设置明细分类账进行明细核算。

⑥ 营业税金及附加：用来核算企业经营活动发生的营业税、消费税、城市维护建设税、资源税和教育费附加等相关税费。该账户属于损益类中的费用类，增加记借方，减少记贷方。企业按规定计算确定的与经营活动相关的税费，记入该账户的借方，期末，应将该账户的余额转入“本年利润”账户，结转后该账户无余额。该账户应按产品所销售的产品品种、类别设置明细分类账进行明细核算。

⑦ 应收账款：用来核算企业因销售商品等经营活动而收取的款项。该账户属于资产类，增加记借方，减少记贷方。企业发生应收账款时按应收金额记入该账户的借方，收回应收账款时记入该账户的贷方。该账户的期末余额在借方，反映企业尚未收回的应收账款。该账户可按债务人设置明细分类账进行明细核算。

⑧ 应收票据：用来核算企业因销售商品等而收到的商业汇票，包括银行承兑汇票和商业承兑汇票。该账户属于资产类，增加记借方，减少记贷方。企业因销售商品而收到商业汇票时，按其票面金额记入该账户的借方；商业汇票到期，收回售货款时，按其票面金额记入该账户的贷方。该账户的期末余额在借方，反映企业持有的商业汇票的票面金额。该账户可按债务人设置明细分类账进行明细核算。

任务设计及工作过程

销售过程主要经济业务的核算实例如下。

工作实例4-32 泰山有限责任公司销售给北方公司甲产品500件,开具的增值税专用发票上注明售价为200 000元、增值税为3 400元,收到北方公司开具的银行承兑汇票1张。要求编制会计分录。

步骤一,经济业务分析。此项经济业务一方面使企业收到了1张银行承兑汇票,应按其票面金额,即销售产品的价税合计额,借记"应收票据"科目;另一方面,企业通过销售产品取得的收入属于主营业务收入,应按增值税专用发票上的销售价格贷记"主营业务收入"科目,向购货方收取的增值税销项税额应贷记"应交税费——应交增值税"科目。

步骤二,根据步骤一的分析,编制会计分录如下。

借:应收票据　　234 000
　贷:主营业务收入——甲产品　　200 000
　　应交税费——应交增值税(销项税额)　　34 000

工作实例4-33 泰山有限责任公司以银行存款支付本月广告费7 800元。要求编制会计分录。

步骤一,经济业务分析。此项经济业务一方面发生了广告费,应计入销售费用,借记"销售费用"科目;另一方面使企业的银行存款减少,应贷记"银行存款"科目。

步骤二,根据步骤一的分析,编制会计分录如下。

借:销售费用——广告费　　800
　贷:银行存款　　800

工作实例4-34 泰山有限责任公司销售A材料50千克,开具的增值税专用发票上注明售价为10 000元、增值税为1 700元,款项已收存银行。要求编制会计分录。

步骤一,经济业务分析。一方面,企业收到销售价款及增值税销项税额,银行存款增加,应借记"银行存款"科目;另一方面,企业通过销售材料取得的收入属于其他业务收入,应按增值税专用发票上的售价贷记"其他业务收入"科目,向购货方收取的增值税销项税额应贷记"应交税费——应交增值税"科目。

步骤二,根据步骤一的分析,编制会计分录如下。

借:银行存款　　11 700
　贷:其他业务收入——材料销售　　10 000
　　应交税费——应交增值税(销项税额)　　1 700

工作实例4-35 泰山有限责任公司向南方公司销售甲产品400件,开具的普通发票上注明价款165 000元,以银行存款代垫运费2 000元,款项尚未收到。要求编制会计分录。

步骤一,经济业务分析。企业将产品销售给小规模纳税人或消费者时,只能开具普通发票,普通发票中的价款为含增值税的销售价格,此时,需将含税销售价格换算成不含税销售价格,换算公式如下:

不含税售价=含税售价÷(1+增值税率)=165 000÷(1+17%)=141 025.64(元)

增值税额 = 不含税售价 × 增值税率 = 141 025.64 × 17% = 23 974.36(元)

企业销售产品过程中支付的运杂费,有2种情况:一是由销售方负担,应计入当期销售费用;二是由购买方负担,销售方代为垫付,该款项应从购买方收回,计入应向购买方收取的款项总额中。

步骤二,根据步骤一的分析,编制会计分录如下。

借:应收账款——南方公司　　167 000.00
　　贷:主营业务收入——甲产品　　141 025.64
　　　　应交税费——应交增值税(销项税额)　　23 974.36
　　　　银行存款　　2 000.00

工作实例 4-36　月末,泰山有限责任公司结转本月销售甲产品的生产成本。要求编制会计分录。

步骤一,经济业务分析。本月共销售甲产品900件,随着该产品的销售,一方面,企业库存甲产品减少,应贷记"库存商品"科目;另一方面,需在本期损益中确认的已销售甲产品的生产成本增加,应借记"主营业务成本"科目。根据生产过程的核算,甲产品的实际生产成本为272.47元/件。

步骤二,根据步骤一的分析,编制会计分录如下。

借:主营业务成本　　245 223
　　贷:库存商品——甲产品　　245 223

工作实例 4-37　月末,泰山有限责任公司结转本月销售A材料的采购成本5 050(50×101)元。要求编制会计分录。

步骤一,经济业务分析。随着该材料的销售,一方面,企业库存甲材料减少,应贷记"原材料"科目;另一方面,需在本期损益中确认的已销售甲材料的实际采购成本增加,应借记"其他业务成本"科目。

步骤二,根据步骤一的分析,编制会计分录如下。

借:其他业务成本　　5 050
　　贷:原材料——A材料　　5 050

工作实例 4-38　泰山有限责任公司销售甲产品属于消费税应税产品,适用税率为5%,月末,计算本月销售甲产品应负担的消费税。要求编制会计分录。

步骤一,经济业务分析。根据相关账户记录,本月共销售甲产品341 025.64元,按5%的税率计算应交消费税17 051.28元,一方面应计入当期损益,借记"营业税金及附加"科目;另一方面,由于消费税尚未实际交纳,企业应交税费这项负债增加,贷记"应交税费"科目。

步骤二,根据步骤一的分析,编制会计分录如下。

借:营业税金及附加　　17 051.28
　　贷:应交税费——应交消费税　　17 051.28

工作实例 4-39　月末,计提本月的城市维护建设税及教育费附加。泰山有限责任公司适用的城市维护建设税率及教育费附加的征收比率分别为7%和3%。要求编制会计分录。

步骤一,经济业务分析。城市维护建设税和教育费附加是以企业交纳的增值税、消费税、营业税税额为依据所征收的附加税费,分别用于城市的公用事业和公共设施的维护建设及教育支出。

经查,本期应交税费相关账户记录如下。

借　应交税费——应交增值税	贷	借　应交税费——应交消费税	贷
	期初余额　18 800		期初余额　2 300
7) 18 800 (已交)		7) 2 300	
9) 27 200 (进)			38) 17 051.28
11) 3 400 (进)			
	32) 34 000.00(销)		
	34) 1 700.00(销)		
	35) 23 974.36(销)		

根据账户记录,本月应交增值税为29 074.36(59 674.36 −30 600)元,应交消费税为17 051.28元,无应交营业税,则:

应交城建税=(29 074.36 +17 051.28)×7% =3 228.79(元)

应交教育费附加=(29 074.36 +17 051.28)×3% =1 383.77(元)

本月应负担的城建税及教育费附加一方面应计入当期损益,借记"营业税金及附加"科目;另一方面,由于城建税及教育费附加尚未实际交纳,企业应交税费这项负债增加,应贷记"应交税费"科目。

步骤二,根据步骤一的分析,编制会计分录如下。

借:营业税金及附加　　4 612.56

　贷:应交税费——应交城建税　　3 228.79

　　　　　　——应交教育费附加　　1 383.77

即问即答

为了卖出更多的商品以获取更大的收入,你有什么促销高招?

项目五　核算经营成果的经济业务

任务描述

利润是企业在一定会计期间取得的体现在财务上的最终经营成果。它是将一定会计期间的各种收入与各种费用支出进行配比的结果。收入大于费用支出的差额为利润,反之则为亏损。利润形成后,还需按一定的分配顺序进行分配。

教学准备

- 根据项目、任务的需要,将学生分组,并下发学生工作页。
- 撰写教案、备课笔记,并制作本项目的课件。
- 根据项目任务,选择项目教学、小组讨论、案例教学等方法。
- 明确本项目的考核内容、考核要求及评分标准。

相关知识

一、利润的构成及分配

(一) 利润的构成

利润包括收入减去费用后的净额和直接计入当期利润的利得和损失等。

直接计入当期利润的利得和损失是企业利润的直接组成部分,这部分利得或损失没有配比要求。

利得、损失与作为会计要素的收入、费用,均会导致所有者权益发生变动,并与所有者投入资本或向所有者分配利润无关,但两者有着本质的区别。

如前所述,收入与费用是企业在日常活动中形成的经济利益的总流入及总流出,而利得与损失是与企业日常活动没有直接关联的经济利益净流入或净流出。"日常活动"是指企业为完成其经营目标所从事的经常性活动以及与之相关的活动。例如,工业企业制造并销售产品,属于企业为完成其经营目标所从事的经常性活动,由此产生的经济利益总流入及总流出,构成企业的收入与费用;而其出售原材料、出租固定资产等,属于与经常性活动相关的活动,由此产生的经济利益的总流入与总流出,也构成企业的收入与费用;而对其处置固定资产、对外投资等活动,不是企业为完成其经营目标所从事的经常性活动,也不属于与经常性活动相关的活动,由此产生的经济利益的净流入与净流出,不构成企业的收入与费用,直接形成企业的利得或损失。

利润的相关计算公式如下。

营业利润＝营业收入－营业成本－营业税费－销售费用－管理费用－财务费用－资产减值损失＋公允价值变动收益(－公允价值变动损失)＋投资收益(－投资损失)

式中,营业收入是指企业经营业务所确认的收入总额,包括主营业务收入与其他业务收入;营业成本是指企业经营业务所发生的实际成本总额,包括主营业务成本和其他业务成本;资产减值损失是指企业计提各项资产减值准备所形成的损失;公允价值变动收益(或损失)是指企业交易性金融资产等公允价值变动形成的应计入当期损益的利得(或损失);投资收益(或损失)是指企业以各种方式对外投资所取得的收益(或发生的损失)。

利润总额＝营业利润＋营业外收入－营业外支出

式中，营业外收入是指企业发生的与其日常活动无直接关系的各项利得；营业外支出是指企业发生的与其日常活动无直接关系的各项损失。

净利润 = 利润总额 − 所得税费用

式中，所得税费用是指企业确认的应从当期利润总额中扣除的所得税费用。

（二）利润的分配

企业的净利润要按照国家规定的程序进行分配，首先要按照规定的比例提取法定盈余公积，然后向投资者分配利润，余额为未分配利润。

因此，确定企业的利润总额，计算并结转企业所得税，对净利润按规定的程序和比例进行分配等业务，构成了利润形成与分配核算的主要内容。

二、利润核算应设置的账户

为了反映利润的形成及分配情况，企业应设置如下账户。

① 营业外收入：用来核算企业发生的与其日常活动无直接关系的各项利得，主要包括非流动资产处置利得、盘盈利得、捐赠利得、确实无法支付而按规定程序经批准后转作营业外收入的应付款项等。该账户属于损益类中的收入类账户，增加记贷方，减少记借方。企业确认各项利得时，记入该账户的贷方；期末，应将该账户的余额转入“本年利润”账户，结转后该账户无余额。该账户可按营业外收入项目设置明细分类账进行明细核算。

② 营业外支出：用来核算企业发生的与其日常活动无直接关系的各项损失，主要包括非流动资产处置损失、盘亏损失、罚款支出、公益性捐赠支出、非常损失等。该账户属于损益类中的费用类账户，增加记借方，减少记贷方。企业确认各项损失时，记入该账户的借方；期末，应将该账户的余额转入“本年利润”账户，结转后该账户无余额。该账户可按营业外支出项目设置明细分类账进行明细核算。

③ 所得税费用：用来核算企业确认的应从当期利润总额中扣除的所得税费用。该账户属于损益类中的费用类账户，增加记借方，减少记贷方。企业按照《税法》规定计算确定的当期所得税费用，记入该账户的借方；期末，应将该账户的余额转入“本年利润”账户，结转后该账户无余额。

④ 本年利润：用来核算企业利润形成和亏损发生情况。该账户属于损益类账户，增加记贷方，减少记借方。企业期末结转利润时，应将各损益类收入账户的当期发生额转入该账户贷方，应将各损益类费用账户的当期发生额转入该账户借方，结平各损益类账户。结转后该账户的贷方余额为本年度实现的净利润，借方余额为本年度发生的净亏损。此外，年度终了，应将该账户的余额转入“利润分配——未分配利润”账户，结转后该账户应无余额。

⑤ 利润分配：用来核算企业利润分配的过程、去向和历年分配后的余额。该账户属于损益类账户，增加记贷方，减少记借方。其借方登记实际分配的利润数，包括提取的法定盈余公积、分配给投资者的现金利润或股利和年末从“本年利润”账户转入的亏损数；贷方登记年末从“本年利润”账户转入的净利润。该账户应当分别设置“提取法定盈余公积”、“应付现金股利或利润”和“未分配利润”等明细分类账。企业按规定提取法定盈余公积时，应借

记“利润分配——提取法定盈余公积”科目；经股东大会或类似机构决议，分配给股东或投资者的现金股利或利润，应借记“利润分配——应付现金股利或利润”科目。年度终了，企业应将本年实现的净利润或发生的净亏损，自“本年利润”账户转入“利润分配——未分配利润”明细账户；同时，将“利润分配”账户所属其他明细账户的余额，转入“利润分配——未分配利润”明细账户，结转后，除“利润分配——未分配利润”明细账户外，“利润分配”账户所属的其他明细账户应无余额。“利润分配——未分配利润”明细账户的年末余额，反映企业本年度末的累计未分配利润。

⑥ 盈余公积：用来核算企业从净利润中提取的盈余公积。该账户属于所有者权益类账户，增加记贷方，减少记借方。企业按规定提取盈余公积时，记入该账户的贷方；经股东大会或类似机构决议，用盈余公积弥补亏损、转增资本或派送新股时，记入该账户的借方。该账户的期末余额在贷方，反映企业的盈余公积。

⑦ 应付股利：用来核算企业分配的现金股利或利润。该账户属于负债类账户，增加记贷方，减少记借方。根据股东大会或类似机构审议批准的利润分配方案，按应支付的现金股利或利润，记入该账户的贷方；实际支付现金股利或利润时，记入该账户的借方。该账户的期末余额在贷方，反映企业应付未付的现金股利或利润。该账户可按投资者设置明细分类账进行明细核算。

任务设计及工作过程

（一）利润形成业务的核算

1. 营业外收支的核算

工作实例 4－40　12月5日，因东方工厂逾期未执行双方约定的购销合同，对东方工厂预付的订金12 000元不再返还。要求编制会计分录。

步骤一，经济业务分析。没收的订金属于营业外收入中的罚款收入。这项经济业务，一方面使企业利润增加，应记入“营业外收入”账户的贷方；另一方面使企业负债减少10 000元，应记入“预收账款”账户的借方。

步骤二，根据步骤一的分析，编制会计分录如下。

借：预收账款　　　　12 000

　　贷：营业外收入　　　　12 000

工作实例 4－41　12月10日，因未在规定期限内交纳税金，被税务部门收取税收滞纳金2 000元，以现金支付。要求编制会计分录。

步骤一，经济业务分析。税收滞纳金属于营业外支出中的罚款支出。这项经济业务，一方面使企业损失增加，应记入“营业外支出”账户的借方；另一方面使资产减少，应记入“库存现金”账户的贷方。

步骤二，根据步骤一的分析，编制会计分录如下。

借：营业外支出　　　　2 000

　　贷：库存现金　　　　2 000

工作实例 4－42　以银行存款交纳交通违章罚款4 500元。要求编制会计分录。

步骤一，经济业务分析。此项经济业务一方面由于被罚款处罚发生了罚款支出，应借记“营业外支出”科目；另一方面，企业以银行存款支付了罚款，应贷记“银行存款”科目。

步骤二，根据步骤一的分析，编制会计分录如下。

借：营业外支出	4 500	
贷：银行存款		4 500

2. 利润形成的核算

工作实例4-43 月末，将各损益类账户的余额结转到“本年利润”账户。12月31日，损益类账户的本月发生额如下：主营业务收入341 025.64元，其他业务收入10 000元，营业外收入12 000元，主营业务成本245 223元，其他业务成本5 050元，营业税金及附加21 663.84，财务费用4 000元，营业外支出6 500元，销售费用21 700元，管理费用29 008元。要求编制会计分录。

步骤一，经济业务分析。月末，收入类账户发生额应当结转到“本年利润”账户的贷方，费用类账户发生额应当结转到“本年利润”账户的借方。结转后收入类和费用类账户余额为0。

步骤二，根据步骤一的分析，编制会计分录如下。

1）结转收入的会计分录如下。

借：主营业务收入	341 025.64	
其他业务收入	10 000.00	
营业外收入	12 000.00	
贷：本年利润		363 025.64

2）结转费用的会计分录如下。

借：本年利润	333 144.84	
贷：主营业务成本		245 223.00
其他业务成本		5 050.00
营业税金及附加		21 663.84
销售费用		21 700.00
管理费用		29 008.00
财务费用		4 000.00
营业外支出		6 500.00

本月实现的利润总额为：363 025.64－333 144.84＝29 880.8（元）

工作实例4-44 已知企业适用的所得税税率为25%，计提并结转本月所得税费用。要求编制会计分录。

步骤一，经济业务分析。

应交所得税＝29 880.8×25%＝7 470.2（元）

本期实现的净利润＝29 880.8－7 470.2＝22 410.6（元）

这项经济业务，一方面，所得税费用的发生使企业的费用增加，应记入“所得税费用”账户的借方；另一方面，企业应交未交的所得税使负债增加，应记入“应交税费——应交所得税”的贷方。另外，“所得税费用”账户的期末余额应转入“本年利润”账户，以反映当期的净利润。

步骤二,根据步骤一的分析,编制会计分录如下。

1)计提当期所得税费用的会计分录如下。

借:所得税费用　　7 470.2

　　贷:应交税费——应交所得税　　7 470.2

2)结转所得税费用的会计分录如下。

借:本年利润　　7 470.2

　　贷:所得税费用　　7 470.2

根据以上相关分录登记"本年利润"账户如下。

借	本年利润		贷
		期初余额	321 000.00
43)	333 144.84	43)	363 025.64
44)	7 470.20		
		期末余额	343 410.60

从以上账户记录可以看出,期初余额 321 000 元为企业本年度 1—11 月实现的净利润,12 月实现的净利润为 22 410.6 元,当前余额 343 410.6 元为本年度实现的净利润。

即问即答

企业的目标就是赚取利润,那么企业为了获得更大的利润额,可以从哪些方面着手?

(二)利润分配业务的核算

企业实现的净利润,应根据国家有关规定和企业章程、投资者协议等进行分配。当年可供分配的利润包括当年实现的净利润与年初未分配利润。企业当年实现的净利润,首先用于弥补以前年度亏损,剩余部分应按照下列顺序进行分配:一是提取法定盈余公积,法定盈余公积应按净利润的 5%~10% 提取;二是向投资者分配利润或股利,企业实现的净利润扣除上述项目后,加上以前年度未分配的利润,构成可供投资者分配的利润。向投资者分配利润的顺序是:首先支付优先股股利,其次提取任意盈余公积,再次是支付普通股股利,最后是转为资本的股票股利。经过上述分配后,其余额为企业的未分配利润,是所有者权益的组成部分。它是企业留待以后年度进行分配的历年结存的利润,企业对未分配利润的使用有较大的自主权。

提醒

第一,根据《公司法》的规定,公司制企业应当按照净利润的 10% 计提法定盈余公积,法定盈余公积累计额已达注册资本的 50% 时可以不再提取。应注意的是,由于年初未分配利润为已提取法定盈余公积后的留存利润，所以在计算提取法定盈余公积的基数时，不应包括年初未分配利润。第二，公司制企业可以根据股东大会的决议提取任意盈余公积，计提的基数与比例由企业自行决定。第三，公司制企业可经股东大会或类似机构决议，向投资者分配现金股利或利润。

工作实例4-45　根据规定按本年税后利润的10%计提法定盈余公积。要求编制会计分录。

步骤一，经济业务分析。法定盈余公积计提额 =343 410.6×10% =34 341.06(元)

提取法定盈余公积属于企业利润分配，该项业务一方面使企业已分配利润增加、未分配利润减少，应借记“利润分配——提取法定盈余公积”科目；另一方面，所有者权益中来自于企业盈利的积累增加，应贷记“盈余公积”科目。

步骤二，根据步骤一的分析，编制会计分录如下。

借：利润分配——提取法定盈余公积　　34 341.06

　　贷：盈余公积　　34 341.06

工作实例4-46　根据股东大会决议，按投资者出资比例向投资者分配现金利润160 000元。要求编制会计分录。

步骤一，经济业务分析。向投资者分配现金利润，一方面使企业已分配利润增加、未分配利润减少，应根据股东大会的决议，借记“利润分配——应付现金股利或利润”科目；另一方面，由于分配的利润尚未实际支付给投资者，企业应付股利这项负债增加，应贷记“应付股利”科目。

步骤二，根据步骤一的分析，编制会计分录如下。

借：利润分配——应付现金股利或利润　　160 000

　　贷：应付股利　　160 000

（三）年末结转

工作实例4-47　年末，结转“本年利润”到“利润分配——未分配利润”明细账户。要求编制会计分录。

步骤一，经济业务分析。“本年利润”账户年内各月的余额表示当年实现的净利润或亏损的累计数。年度终了，应将“本年利润”账户的余额转入“利润分配——未分配利润”账户，结转后“本年利润”账户年末无余额。这项经济业务，结转全年实现的净利润应记入“本年利润”账户的借方；同时企业可供分配的利润增加，应记入“利润分配——未分配利润”账户的贷方。

步骤二，根据步骤一的分析，编制会计分录如下。

借：本年利润　　34 341.06

　　贷：利润分配——未分配利润　　34 341.06

工作实例4-48　年末，结转“利润分配”其他各明细账户到“利润分配——未分配利润”明细账户。要求编制会计分录。

步骤一，经济业务分析。年度结账时，应将“利润分配”账户的其他各明细账户的余额转入“利润分配——未分配利润”明细账户,结转后,除“利润分配——未分配利润”明细账户有余额外,其他明细账户均无余额。“利润分配——未分配利润”明细账户的余额表示留待以后年度进行分配的净利润或尚未弥补的亏损,在资产负债表中单独列示。

步骤二,根据步骤一的分析,结转“利润分配”所属各明细账户的会计分录如下。

借:利润分配——未分配利润　194 341.06

　贷:利润分配——提取法定盈余公积　34 341.06

　　　　　——应付现金股利或利润　160 000.00

根据以上相关分录登记“利润分配——未分配利润”账户如下。

借　利润分配——未分配利润　贷

	期初余额 120 000.00
	47) 343 410.6
48) 194 341.06	
	期末余额 269 069.54

从以上账户记录可以看出,“利润分配——未分配利润”明细账户的期初余额120 000元为本年初的累计未分配利润,年末转入其贷方的343 410.6元为本年度实现的净利润,转入其借方的是本年度分配的利润194 341.06元,期末余额269 069.54元为本年末的累计未分配利润。

本单元小结

1. 工业企业的生产经营过程包括供、产、销3个方面,会计核算的业务也主要包括这3个方面。

2. 工业企业的资金业务包括借款业务和所有者投资业务。

3. 供应阶段主要讲述材料采购相关业务的会计核算。

4. 生产阶段主要讲述产品生产相关业务的核算。

5. 销售阶段主要讲述产品销售相关业务的核算。

6. 利润及其分配的环节主要讲述企业利润形成及分配相关业务的核算。

第五单元
填制和审核会计凭证

学习目标

- 制定填制和审核凭证项目方案并组织实施。
- 理解会计凭证的意义、作用。
- 熟悉会计凭证的概念、分类。
- 熟悉原始凭证和记账凭证的基本内容。
- 能按照要求填制和审核原始凭证。
- 能按照要求填制和审核记账凭证。
- 了解会计凭证的归档与管理。

引导案例

小王参加工作后,一直认真工作。有一天,领导派他去上海参加岗位技能培训,在出差前领导特意跟他说:"小王呀,你这是第一次出差吧,注意来回的车票一定要保管好,在外地发生的所有费用支出,都应该开具正规发票,出差回来拿相关票据到财务处报销。"几天后,小王出差回来,他拿着出差取得的相关票据来到财务处,要求单位给他报销,但是却遭到会计人员的拒绝,会计人员让他填写差旅费报销单,并将相关票据粘贴到报销单背面,并找相关领导签字同意后再拿来报销。小王按照会计人员的要求办好相关手续后,拿着差旅费报销单来到财务处时,会计人员还是没给他报销。会计人员告诉他:"小王,你的票据中有一张发票不符合要求,因为发票上所列示的金额大写与小写不符,必须由原出票单位重新开具。"小王无奈,只好与开具发票的单位联系,通过邮寄方式取得了新开具的发票,这一次小王顺利地完成了报销程序,并拿到了出差补助款。小王看着手里的钱,心里有好多问题想问,你能正确解答出小王的问题吗?

1. 出差报销为什么要取得相关证明票据?

2. 为什么要填写差旅费报销单,并把所有的票据粘贴在报销单后面?差旅费报销单有什么作用?

3. 发票内容填写错误,直接修改一下不行吗?为什么必须重新开具?

4. 为什么报销时会计人员要反复查看相关票据?

5. 为什么会计人员将小王的差旅费报销单粘贴在一张记账凭证后面了?

项目　填制和审核原始凭证

任务描述

会计主体在发生经济业务时,业务经办人员必须根据经济业务发生的实际情况,并依据相关会计法律法规的要求,取得或填制原始凭证。经办人员须将取得或填制的原始凭证提交给本单位财务部门,由会计人员对原始凭证的真实性、合法性和合规性进行审核,并依据审核无误的原始凭证编制记账凭证。

教学准备

- 根据项目、任务的需要,将学生分组,并下发学生工作页。
- 撰写教案、备课笔记,并制作本项目的课件。
- 根据项目任务,选择项目教学、小组讨论、案例教学等方法。
- 明确本项目的考核内容、考核要求及评分标准。

相关知识

一、会计凭证的概述

会计凭证是记录经济业务、明确经济责任、作为记账依据的书面证明。任何单位,每发生一项经济业务,如现金收付、财物的收发、往来款项的结算等,经办业务人员都必须按照规定的程序和要求认真填制会计凭证,记录经济业务发生或完成的日期、经济业务的内容,并在会计凭证上签名盖章,有的凭证还需要加盖公章,以对会计凭证的真实性和正确性负责任。一切会计凭证都必须经过有关人员的严格审核,只有经过审核无误的会计凭证,才能作为登记账簿的依据。

(一) 会计凭证的意义

填制和审核会计凭证是会计核算工作的起点,是会计核算的基本工作,也是对经济业务活动进行核算和监督的基本环节,是会计核算的基本方法之一。因此,准确填制和严格审核会计凭证,对完成会计工作任务、实现会计的职能、充分发挥会计的作用具有重要的意义。

1. 反映经济业务,提供记账依据

通过取得或填制会计凭证,可以全面接收并记录企业日常发生的经济业务的信息,为登记账簿提供必要的依据。

2. 检查、监督经济活动

通过审核会计凭证,可以检查和监督企业所发生的经济业务是否合理、合法、合规,以保证企业财产的安全和合理使用,保证财务计划和财政制度的贯彻执行,充分发挥会计的监督作用。

3. 明确经济责任

通过认真填制和审核凭证，可以明确有关部门和人员在处理经济业务中的责任，加强经济责任制。

（二）会计凭证的种类

会计凭证按其填制程序和用途，可分为原始凭证和记账凭证两大类。原始凭证随着经济业务的不同而有不同的内容和格式；记账凭证则是用一定的格式来记录不同经济业务的凭证。

1. 原始凭证

原始凭证是在经济业务中发生或完成时取得或填制的。它载明经济业务的具体内容，明确经济责任，是具有法律效力的书面证明。它是组织会计核算的原始资料和重要依据。

（1）按其来源可分为外来原始凭证和自制原始凭证

① 外来原始凭证：是指在同外单位发生经济往来关系时，从外单位取得的凭证。例如，企业购买材料、商品时，从供货单位取得的增值税专用发票（见图5.1），出差人员乘车取得的车票等。

北京增值税专用发票

发　票　联

№ 06738814

开票日期：2014 年 08 月 12 日

<table>
<tr><td>购货单位</td><td colspan="4">名　　称：北京天润有限公司
纳税人识别号：350123459675123
地 址 、电 话：010 - 12345678
开户行及账户：中国工商银行北京市支行
2536987412356410000</td><td>密码区</td><td colspan="3">（略）</td></tr>
<tr><td colspan="2">货物或应税劳务名称</td><td>规格型号</td><td>单位</td><td>数量</td><td>单价</td><td>金额</td><td>税率</td><td>税额</td></tr>
<tr><td colspan="2">A 材料</td><td></td><td>千克</td><td>1 000</td><td>100</td><td>100 000.00</td><td>17%</td><td>17 000.00</td></tr>
<tr><td colspan="2">B 材料</td><td></td><td>千克</td><td>600</td><td>150</td><td>90 000.00</td><td>17%</td><td>15 300.00</td></tr>
<tr><td colspan="2">合　计</td><td></td><td></td><td></td><td></td><td>¥190 000</td><td></td><td>¥32 300.00</td></tr>
<tr><td colspan="2">价税合计（大写）</td><td colspan="5">⊗贰拾贰万贰仟叁佰元整</td><td colspan="2">（小写）¥322 300.00</td></tr>
<tr><td>销货单位</td><td colspan="4">名　　称：北京大地有限公司
纳税人识别号：110874561234561
地 址 、电 话：010 - 36666667
开户行及账户：中国工商银行北京市支行
265828325369874000</td><td>备注</td><td colspan="3">北京大地有限公司
110874561234561
发票专用章</td></tr>
</table>

第三联：发票联　购货方记账凭证

收款人：　　　　复核：　　　　开票人：张三　　　　销货单位（章）

图5.1　增值税专用发票

② 自制原始凭证：是由本单位内部经办的部门或个人在完成某项经济业务时，自行填制的凭证，主要有入库单（见图5.2）、领料单、工资结算单等。

入　库　单

2014年12月03日　　单号00127541

交来单位及部门	行政部	发票号码或生产单号码	33029015	验收仓库	二号仓库	入库日期	2014.12.03

编号	名称及格	单位	数量		实际规格		计划规格		价格差异
			交库	零收	单价	金额	单价	金额	
1	A4打印纸	包	10	10	20.00	200.00			
2	计算器	台	2	2	125.00	250.00			
合计						¥450.00			

仓库联

部门经理：　　会计：　　仓库：黄芸　　经办人：王昱

图5.2　入库单

（2）按照填制手续及内容可分为一次凭证、累计凭证、汇总凭证

① 一次凭证：是指一次填制完成、只记录一笔经济业务的原始凭证。一次凭证是一次有效的凭证。例如，上述外来原始凭证都是一次凭证。自制原始凭证中入库单、收料单及借款单（见图5.3）等也是一次凭证。一次原始凭证能反映一笔业务的内容，使用方便灵活，但数量较多。

借　款　单

2014年07月23日　　第00109号

借款部门	销售部门	姓名	周移民	事由	出差
借款金额（大写）	⊗万壹仟零佰零拾零元零角零分		现金付讫	¥1000.00	
部门负责人签署	刘定	借款人签章	周移民	注意事项	一、凡借用公款必须使用本单 二、出差返回后三天内结算
单位领导批示	王靓	财务经理审核意见	郑镭		

图5.3　借款单

② 累计凭证：是指在一定时期内多次记录发生的同类型经济业务的原始凭证。其特点是在1张凭证内可以连续登记相同性质的经济业务，随时结出累计数及结余数，并按照费用限额进行费用控制，期末按实际发生额记账，如限额领料单（见图5.4）等。累计凭证是多次有效的原始凭证。

限额领料单

领料部门:生产车间　　　　　　　　　　　　　　　　　　　　　　发料仓库:2号

用　　途:B产品生产　　　　　　　　20××年2月　　　　　　　　　　编号:008

材料类别	材料编号	材料名称及规格	计量单位	领料限额	实际领用	单价	金额	备注
型钢	0348	圆钢φ10mm	千克	500	480	4.40	2112	

日期	请领		实发			限额结余	退库	
	数量	签章	数量	发料人	领料人		数量	退库单
2.3	200		200	姜同	王立	300		
2.12	100		100	姜同	王立	200		
2.20	180		180	姜同	王立	20		
合计	480		480	姜同	王立	20		

供应部门负责人 李微　　　　生产计划部门负责人 佟伟　　　　仓库负责人签章 刘俊

图5.4　限额领料单

③ 汇总凭证:是指在一定时期内由反映相同经济业务的若干张原始凭证按照一定标准综合填制的原始凭证,如发料汇总表(见图5.5)等。

发料汇总表

20××年2月28日

会计科目(用途)	领料部门	原材料	燃料	合计
生产成本	A产品生产车间	6600		6600
	B产品生产车间	2112		2112
	小计	8712		8712
制造费用	车间一般耗用	220		220
管理费用	管理部门耗用	110		110
合计		9042		9042

会计主管 李鸣　　　　复核 张满　　　　制表 曲信

图5.5　发料汇总表

(3) 按照格式可分为通用原始凭证和专用原始凭证

① 通用凭证:是指由有关部门统一印制、在一定范围内使用的具有统一格式和使用方法的原始凭证。通用凭证的使用范围因制作部门不同而异,可以是某一地区、某一行业,也可以是全国通用。例如,某省(市)印制的发货票、收据等,在该省(市)通用;由中国人民银行制作的银行转账结算凭证,在全国通用。

② 专用凭证:是指凭证由单位自行印制、仅在本单位内部使用的原始凭证,如入库单、出库单、借款单、工资发放明细表等。

即问即答

差旅费报销单属于哪类原始凭证?

2. 记账凭证

记账凭证又称记账凭单,是会计人员根据审核无误的原始凭证按照经济业务事项的内容加以归类,并据以确定会计分录后所填制的会计凭证。它是登记账簿的直接依据。

(1) 按内容可分为收款凭证、付款凭证、转账凭证

① 收款凭证:是指用于记录库存现金和银行存款收款业务的会计凭证(见图5.6)。

收款凭证　　字第　　号

借方科目:＿＿＿＿＿＿　　年　月　日

摘　要	对方科目		借或贷	金　额										√
	总账科目	明细科目		千	百	十	万	千	百	十	元	角	分	
														□
														□
														□
														□
														□
														□
合　计														□

附单据　张

会计主管:　　记账:　　出纳:　　复核:　　制单:

图5.6　收款凭证

② 付款凭证:是指用于记录库存现金和银行存款支出业务的会计凭证(见图5.7)。需要指出的是,对于从银行提取现金或将现金存入银行的业务,一般只编制付款凭证,以免重复。

付款凭证　　字第　号

贷方科目：________　　年　月　日

摘要	对方科目		借或贷	金额										√
	总账科目	明细科目		千	百	十	万	千	百	十	元	角	分	
														□
														□
														□
														□
														□
														□
合计														□

附单据　张

会计主管：　记账：　出纳：　复核：　制单：　受款人：

图 5.7　付款凭证

③ 转账凭证：是指用于记录不涉及库存现金和银行存款业务的会计凭证（见图 5.8）。

转账凭证　　字第　号

年　月　日

摘要	总账科目	明细科目	借方金额											贷方金额											√
			亿	千	百	十	万	千	百	十	元	角	分	亿	千	百	十	万	千	百	十	元	角	分	
																									□
																									□
																									□
																									□
																									□
																									□
合计																									□

附单据　张

会计主管：　记账：　出纳：　复核：　制单：

图 5.8　转账凭证

（2）按照填列方式可分为复式凭证、单式凭证

① 复式凭证：是指将每笔经济业务事项所涉及的全部会计科目及其发生额均在同一张记账凭证中反映的一种凭证。

② 单式凭证：是指每一张记账凭证只填列经济业务事项所涉及的一个会计科目及其金额的记账凭证。填列借方科目的称为借项凭证，填列贷方科目的称为贷项凭证。

即问即答

在日常生活中,你还见过什么样式的记账凭证?其纸张的大小、表格设计的风格如何?

二、原始凭证

(一)原始凭证的基本要素

原始凭证一般应具备以下基本要素。

① 原始凭证的名称,如图 5.9 所示的“北京增值税专用发票——发票联”。

② 填制凭证的日期,如图 5.9 所示的“2014 年 06 月 10 日”。

③ 凭证编号,如图 5.9 所示的“№ 60972958”。

④ 填制单位名称,如图 5.9 所示的“黎明实业有限公司”。

⑤ 接受单位名称,如图 5.9 所示的“江丰实业有限公司”。

⑥ 经济业务的基本内容,如图 5.9 所示的“计算器 800 台”,型号“WE－144”,单价“30”,价款“24 000”,增值税额“4 080”。

⑦ 填制单位及有关人员的签章,如图 5.9 所示的开票人“董华”和黎明实业有限公司发票专用章。

北京增值税专用发票

北京 国家税务总局监制

发　票　联

№ 60972958

开票日期:2014 年 06 月 10 日

购货单位	名　　称:江丰实业有限公司 纳税人识别号:440100193378770 地址、电话:广州天河区体育东路六运五街 78 号 02080549118 开户行及账户:交通银行广州分行 410872000400078522232			密码区	*−*5436**+76>22126690 /073−68−<9−/+5172599 8796>2017<226<−13−−8/ 77>+79*<*76479+9<>>//	加密版本:01 1100082142 60972958	
货物或应税劳务名称	规格型号	单位	数量	单价	金额	税率	税额
计算器	WE—144	台	800.00	30.00	24 000.00	17%	4 080.00
合　计					¥24 000.00		¥4 080.00
价税合计(大写)	⊗贰万捌仟零捌拾元整				(小写)¥28 080.00		
销货单位	名　　称:黎明实业有限公司 纳税人识别号:110100887621357 地址、电话:北京越秀区沿江西路爱群大厦首层 01082638504 开户行及账户:交通银行北京分行 009149080910016545678			备注	黎明实业有限公司 110100887621357 发票专用章		

第三联:发票联　购货方记账凭证

收款人:　　复核:　　开票人:董华　　销货单位(章)

图 5.9　增值税专用发票

（二）原始凭证的填制要求

① 记录要真实。原始凭证所填列的经济业务内容和数字，必须真实可靠，符合实际情况。

② 内容要完整。原始凭证所要填列的项目必须逐项填列齐全，不得遗漏和省略。

③ 手续要完备。单位自制的原始凭证必须有经办单位领导人或者其他指定的人员签名盖章；对外开出的原始凭证必须加盖本单位公章；从外部取得的原始凭证，必须盖有填制单位的公章；从个人取得的原始凭证，必须有填制人员的签名盖章。

④ 书写要清楚、规范。原始凭证要按规定填写，文字要简要，字迹要清楚，易于辨认，不得使用未经国务院公布的简化汉字。大小写金额必须相符且填写规范，小写金额用阿拉伯数字逐个书写，不得写连笔字。在金额前要填写人民币符号"￥"，人民币符号"￥"与阿拉伯数字之间不得留有空白。金额数字一律填写到角、分，无角、分的，写00或符号"—"；有角无分的，分位写0，不得用符号"—"。大写金额用汉字壹、贰、叁、肆、伍、陆、柒、捌、玖、拾、佰、仟、万、亿、元、角、分、零、整等，一律用正楷或行书字书写。大写金额前未印有"人民币"字样的，应加写"人民币"3个字，"人民币"字样和大写金额之间不得留有空白。大写金额到元或角为止的，后面要写"整"或"正"字；有分的，不写"整"或"正"字。例如，小写金额为￥1008.00，大写金额应写成"壹仟零捌元整"。

⑤ 编号要连续。如果原始凭证已预先印有编号，则在写坏作废时，应加盖"作废"戳记，妥善保管，不得撕毁。

⑥ 不得涂改、刮擦、挖补。原始凭证有错误的，应当由出具单位重开或更正，更正处应加盖出具单位公章。原始凭证金额有错误的，应当由开具单位重开，不得在原始凭证上更正。

⑦ 填制要及时。各种原始凭证一定要及时填写，并按规定的程序及时送交会计机构，由会计人员进行审核。

即问即答

日常生活中，你经常接触的原始凭证有哪些？

3. 原始凭证的审核

原始凭证按照上述要求进行填制后，还应从形式上和实质上对其进行审核。经审核确认后，凭证上所记载的会计信息才能通过编制记账凭证来进行加工处理，以确保会计信息系统最终提供的财务报表信息真实、可靠、正确。对原始凭证的审核包括以下几个方面。

（1）真实性

真实性审核的主要内容如下。

① 经济业务的双方单位和当事人是真实的。

② 经济业务发生的时间、地点和填制凭证的日期是真实的。

③ 经济业务的内容是真实的。

④ 经济业务的数量、金额是真实的。

(2) 合规性

合规性审核包括对凭证合法性的审核和对经济事项的审核。

① 凭证合法性的审核，即审核原始凭证记录的内容是否有违反国家法律法规的情况。例如，自制原始凭证必须由经办单位负责人或指定人员签名或盖章，对外开出的原始凭证必须加盖单位公章或发票专用章、财务专用章等。

② 经济事项的审核，即审核经济业务的内容是否符合法规、制度、政策的要求，是否符合企业的计划或预算的要求。对于不符合要求的凭证，会计人员有权拒绝受理；发现有伪造涂改等现象时，还应及时向有关负责人汇报。

(3) 完整性

完整性审核包括原始凭证应具备的基本要素完整和手续齐全。

① 要素完整，即原始凭证应具备的基本要素不可缺少，如发票上应有的财务公章、税务专用章、各联的用途、发票编号等。

② 手续齐全，包括业务双方经办人是否签名或签章。须经领导签名批准的原始凭证应有领导人的亲笔签名。对手续不全的原始凭证应退回补办手续。

(4) 正确性

审核原始凭证金额的计算和填写是否正确，数字书写是否规范、清晰，是否存在不符合规范要求的更改等。例如，原始凭证金额有错误的，应当由出具单位重开，不得在原始凭证上更正。

(5) 及时性

及时性审核主要是审核原始凭证的填制日期是否是经济业务发生或完成时的日期，或者相近；涉及货币资金收付业务的原始凭证，是否有推迟收款或提前付款的记录；各票据是否过期等。

审核后对原始凭证的不同处理如下。

① 完全符合要求的原始凭证，应及时编制记账凭证入账。

② 真实、合法、合理，但内容不完整、填写有错误的原始凭证，应退回给经办人员，由其负责将凭证补充完整、更正错误或重开后，再办理正式会计手续。

原始凭证记载的各项内容不得涂改；原始凭证有错误的，应当由出具单位重开或者更正，更正处应当加盖出具单位印章；原始凭证金额有错误的，应当由出具单位重开，不得在原始凭证上更正。

原始凭证开具单位应当依法开具准确无误的原始凭证，对于填制有误的原始凭证，负有更正或重新开具的法律义务，不得拒绝。

③ 不真实、不合法的原始凭证，会计机构和会计人员有权不予接受，并向单位负责人报告。

即问即答

你会识别真、假发票吗？如何识别？

三、记账凭证

（一）记账凭证的基本内容

记账凭证主要是用来将经济信息转化为会计信息，对经济业务进行分类核算。记账凭证有多种形式，但作为确定会计分录和登记账簿的直接依据，必须具备以下基本内容。

① 记账凭证的名称。记账凭证通常分为收款凭证、付款凭证和转账凭证。

② 记账凭证填制的日期。记账凭证的日期与原始凭证的日期可能相同，也可能不相同。

③ 记账凭证的编号（专用记账凭证填写总号和分号）。

④ 经济业务的内容摘要。

⑤ 应借应贷的账户名称（包括一级科目和明细科目）和金额。

⑥ 所附原始凭证的张数。

⑦ 记账备注，即已经登记账簿的金额应在“记账”栏内打“√”或签章。

⑧ 制证、审核、记账及会计主管等有关人员的签章。对于收款凭证和付款凭证还应由出纳员签章。

（二）记账凭证的编制要求

记账凭证是登记账簿的直接依据，为了确保账簿记录的准确，监督款项收付，全面提供会计信息，应遵循如下基本要求。

① 记账凭证的内容必须完备。应包括填制凭证的日期、凭证编号、摘要、会计科目、金额等基本内容。以自制的原始凭证或者原始凭证汇总表代替记账凭证的，也必须具备记账凭证应有的项目。

② 正确确定应使用的记账凭证。使用专用记账凭证的单位，应根据经济业务的性质，先确定使用收款凭证、付款凭证还是转账凭证。涉及现金和银行存款之间划转业务，只需填制付款凭证，以避免重复记账。

③ 填制记账凭证时，应当对记账凭证进行连续编号。采用通用记账凭证时，可按经济业务发生的顺序编号。采用专用记账凭证时，可采用“字号编号法”，即收字第××号、付字第××号和转字第××号。一笔经济业务需要填制2张以上记账凭证时，可采用分数编号法。例如，凭证的连续编号是6，需填制3张，则该笔业务的记账凭证编号应写为$6\frac{1}{3}$、$6\frac{2}{3}$、$6\frac{3}{3}$。但不得把不同类型的经济业务合并填制一张记账凭证，混淆账户的对应关系。

④ 记账凭证可以根据每一张原始凭证填制，或者根据若干张同类原始凭证汇总填制，也可以根据原始凭证汇总表填制。但不得将不同内容和类别的原始凭证汇总填制在一张记账凭证上。

⑤ 除结账和更正错误的记账凭证可以不附原始凭证外，其他记账凭证必须附有原始凭证。如果一张原始凭证涉及几张记账凭证，可以把原始凭证附在一张主要的记账凭证后面，

并在其他记账凭证上注明附有该原始凭证的记账凭证的编号或者附原始凭证复印件,并且记账凭证的内容和金额应与所附的原始凭证一致。一张原始凭证所列支出需要几个单位共同负担的,应当将其他单位负担的部分,开给对方原始凭证分割单,进行结算。原始凭证分割单必须具备原始凭证的基本内容:凭证名称、填制凭证日期、填制凭证单位名称或者填制人姓名、经办人的签名或者盖章、接受凭证单位名称、经济业务内容、数量、单价、金额和费用分摊情况等。

提醒

区分原始凭证复印件与原始凭证分割单的用法:对于原始凭证复印件来说,是同一企业不同的记账凭证都需要此原始凭证,而如果是不同企业共同享有一张原始凭证,那么就要开具原始凭证分割单,即每一个企业根据自己负担项目和金额做会计处理。

⑥ 如果在填制记账凭证时发生错误,应当重新填制。已经登记入账的记账凭证,在当年内发现填写错误时,应按规定的方法进行更正。

⑦ 记账凭证填制完经济业务事项后,如果有空行,应当自“金额”栏最后一笔金额数字下的空行处至合计数上的空行处画线注销。

⑧ 填制记账凭证,字迹必须清晰、工整,并符合下列要求:阿拉伯数字应当一个一个地写,不得连笔写。阿拉伯数字金额前面应当书写货币币种符号或者货币名称简写。币种符号与阿拉伯数字金额之间不得留有空白。凡阿拉伯数字前写有货币符号的,数字后面不再写货币单位。所有以“元”为单位(其他货币种类为货币基本单位)不同的阿拉伯数字,除表示单价等情况外,一律填写到角分;无角分的角位和分位可写00,或者符号“—”;有角无分的,分位应当写0,不得用符号“—”代替。“金额”栏的合计数前要加“¥”符号。

(三) 收款凭证的填制要求(见图5.10)

① 收款凭证左上角的“借方科目”按收款的内容填写“库存现金”或“银行存款”。

② “日期”填写的是本收款凭证的编制日期。

③ 右上角填写编制收款凭证的顺序号。

④ “摘要”填写对所记录经济业务的简要说明。

⑤ “对方科目”填写与收入库存现金或银行存款相对应的会计科目。

⑥ 已记账的发生额在记账栏处画“√”,以免重复记账或漏记。

⑦ “金额”是指该项经济业务的发生额。

⑧ 凭证右侧“附单据 张”是指本收款凭证所附原始凭证的张数,以免在凭证传递过程中丢失原始凭证。

⑨ 最下边分别由相关人员签章,以明确经济责任。

收款凭证

银收字第085号

借方科目:银行存款　　　　2014年07月25日

摘要	对方科目		借或贷	金额										√
	总账科目	明细科目		千	百	十	万	千	百	十	元	角	分	
销售产品收到货款	主营业务收入	二丙烯基醚	贷			5	0	0	0	0	0	0	0	□
	应交税费	应交增值税(销项税额)	贷				8	5	0	0	0	0	0	□
														□
														□
														□
														□
合计					¥	5	8	5	0	0	0	0	0	□

附单据　张

会计主管:　　记账:　　出纳:　　复核:　　制单:崔亮

图5.10 收款凭证

(四)付款凭证的填制要求(见图5.11)

① 付款凭证左上角的“贷方科目”按付款的内容填写“库存现金”或“银行存款”。

② “日期”填写的是本付款凭证的编制日期。

③ 右上角填写的是付款凭证的顺序号。

④ “摘要”填写对所记录经济业务的简要说明。

⑤ “对方科目”填写与支付库存现金或银行存款相对应的会计科目。

⑥ 已记账的发生额在记账栏处画“√”,以免重复记账或漏记。

⑦ “金额”是指该项经济业务的发生额。

⑧ 凭证右侧“附单据 张”是指本付款凭证所附原始凭证的张数,以免在凭证传递过程中丢失原始凭证。

⑨ 最下边分别由相关人员签章,以明确经济责任。

付款凭证

银付字第081号

贷方科目:银行存款　　　　2014年10月15日

摘要	对方科目		借或贷	金额										√
	总账科目	明细科目		千	百	十	万	千	百	十	元	角	分	
提取现金发工资	库存现金		借			1	6	0	0	0	0	0	0	□
														□
														□
														□
														□
														□
合计					¥	1	6	0	0	0	0	0	0	□

附单据　张

会计主管:　　记账:　　出纳:　　复核:　　制单: 王海

图5.11　付款凭证

(五)转账凭证的填制要求(见图5.12)

转账凭证将经济业务事项中所涉及的全部会计科目,按照先借后贷的顺序记入会计科目中的“总账科目”栏和“明细科目”栏,并按应借、应贷方向分别记入“借方金额”或“贷方金额”栏,借贷金额合计数应该相等。其他栏目的填列与收、付款凭证相同。

转账凭证

转字第054号

2014年07月15日

摘要	总账科目	明细科目	借方金额											贷方金额											√
			亿	千	百	十	万	千	百	十	元	角	分	亿	千	百	十	万	千	百	十	元	角	分	
购入丙酮	原材料	丙酮				1	0	0	0	0	0	0	0												□
	应交税费	应交增值税(进项税额)					1	7	0	0	0	0	0												□
	应付账款	神州市化工厂															1	1	7	0	0	0	0	0	□
																									□
																									□
																									□
合计					¥	1	1	7	0	0	0	0	0			¥	1	1	7	0	0	0	0	0	□

附单据　张

会计主管:　　记账:　　出纳:　　复核:　　制单: 崔亮

图5.12　转账凭证

（六）记账凭证的审核

记账凭证是根据审核无误的原始凭证编制的，是登记账簿的依据。为了使登记账簿记录准确，记账前，必须对已编制的记账凭证由专人进行认真、严格的审核。审核内容如下。

① 记账凭证是否附有原始凭证，记账凭证所记录的经济业务内容和金额是否与所附原始凭证的经济业务内容和金额相一致。

② 记账凭证中所填制的应借、应贷会计科目是否正确，账户的对应关系是否清晰，所使用的会计科目是否符合会计制度的规定，金额计算是否准确。

③ 记账凭证中的有关项目填列是否齐全，手续是否齐备，有关人员有无签名或盖章。在审核中，当发现记账凭证记录不全或错误时，应该重新填制或者按照有关规定办理更正手续。只有经过审核无误的记账凭证，才能据以登记账簿。

实行会计电算化的单位，对于机制记账凭证，要认真审核，做到会计科目使用正确、数字准确无误。打印出的机制记账凭证要加盖制单人员、审核人员、记账人员及会计机构负责人、会计主管人员印章或签字。

提醒

对于会计电算化凭证管理的要求，我们可以简单地理解为手工账需要做的处理电算化一样需要，只不过电算化的凭证是机打出来的，上面的签章等不能因为是电算化而缺少。

四、会计凭证的传递和保管

（一）会计凭证的传递

会计凭证的传递是指会计凭证从填制或取得时起，经过审核记账、装订到归档为止，在有关部门和人员之间按规定的时间、路线办理业务手续和进行处理的过程。一项经济业务，往往要由单位内部若干部门分工完成。例如，企业物资采购验收入库这项经济业务，要由采购部门、仓库部门、财会部门共同完成。因此，会计凭证也要随着经济业务的进程在这些部门之间进行传递。

正确、合理地组织会计凭证的传递，有利于有关部门和人员能及时了解经济业务活动的情况，加速对经济业务的处理，同时，有利于加强各有关部门的经济责任，也有利于实现会计监督，以充分发挥会计的监督作用。按照《会计基础工作规范》第54条的规定："各单位会计凭证的传递程序应当科学、合理，具体办法由各单位根据会计业务需要自行规定。"由于各单位生产经营特点不同，经济业务内容不同，企业管理的要求也不尽相同。会计凭证的传递也应根据具体情况确定每一个凭证的传递程序和方法，作为业务部门和会计部门处理会计凭证的工作规范，做到既要体现经济业务完成情况的信息传递，又体现单位各有关部门和人员对经济业务的监督和控制。

制定会计凭证的传递过程，关键要考虑会计凭证传递各环节的衔接，做到既完备严密，又简便易行，使会计凭证及时传递，不积压，尽管减少人力和物力。会计凭证传递应包括合理的传递程序、传递时间和传递过程中的衔接手续。

1. 规定合理的传递程序

各单位应根据经济业务的特点、机构设置和人员分工情况，明确会计凭证填制的联数和传递程序，既要保证会计凭证经过必要的环节进行处理和审核，又要避免会计凭证在不必要的环节停留，使有关部门和人员及时了解情况，掌握资料，并按照规定手续进行工作。

2. 限定严格的传递时间

关于凭证的传递时间，应考虑各部门和有关人员的工作内容和工作量在正常情况下完成的时间。明确规定各种凭证在各个环节上停留的最长时间，不能拖延和积压会计凭证，以免影响会计工作的正常秩序。一切会计凭证的传递和处理都在报告期内完成，不允许跨期，否则将影响会计核算的标准性和及时性。

3. 规定既完备严密又简明易行的衔接手续

会计凭证传递过程中的衔接手续，应该做到既完备严密，又简便易行。凭证的收发、交接都应按一定的手续制度办理，以保证会计凭证的安全和完整。

会计凭证的传递程序、传递时间和衔接手续明确后，可制成凭证流转图，制定凭证传递程序，规定凭证传递的路线、环节、在各环节上的时间、处理内容和交接手续，使凭证传递工作有条不紊、迅速有效地进行。

（二）会计凭证的保管

各种会计凭证在办理好各项业务手续，并据以记账后，最后应由会计部门加以整理、归档、编号，并妥善保管。

会计凭证是各项经济活动的历史记录，是重要的经济档案。为了防止散乱丢失，保证会计凭证的安全和完整，必须认真负责地加以整理，妥善保管。

会计凭证整理保管的要求如下。

① 各种会计凭证，连同所附原始凭证和原始凭证汇总表，要分类按顺序编号，定期（每天、每5天、每旬或每月）装订成册，并加具封面、封底，注明单位名称、凭证种类、所属年月、起讫日期、起讫号码、凭证张数等。为防止任意拆装再装，订处贴上封签，并由经办人员在封签处加盖骑缝章。

② 如果在1个月内，凭证数量过多，可分装若干册，在封面上加注“共几册”字样。如果某些记账凭证所附原始凭证数量过多，也可以单独装订保管，但应在其封面及有关记账凭证上加注说明。对重要原始凭证，如合同、契约、押金收据，以及需要随时查阅的收据等，在需要单独保管时，应编制目录，并在原始凭证上注明另行保管，以便查核。

③ 装订成册的会计凭证应集中保管，并指定专人负责，查阅时要有一定的手续制度。

④ 会计凭证的保管期限和销毁手续，必须严格执行会计制度的规定。任何人无权自行随意销毁。

即问即答

会计小张认为只要单位领导同意，不管会计凭证是否到期，都可以销毁。他的观点对吗？

任务设计及工作过程

工作实例 5－1 2014 年 7 月 22 日，北京明朗经贸发展有限公司销售给上海顺发型材有限公司商品一批。本公司发票专用章由财务经理保管；开票人：张伟；销售单中为不含税价格，税率 17%。北京明朗经贸发展有限公司税务登记号：110106802215046；开户行：交通银行北京分行；账号：14417501040004107342１；电话：01085108257；地址：北京市海淀区翠微路 5 号。

要求根据销售单（见图 5.13）和上述资料，填制增值税专用发票（见图 5.14）。

销 售 单

购货单位：上海顺发型材有限公司 地址和电话：上海市延平路 78 号 02125608631　　单据编号：5011260079

纳税人识别号：370321604927001 开户行及账号：交通银行上海支行 21020001001920015847１ 制单日期：2014. 07. 22

编码	产品名称	规格	单位	单价	数量	金额	备注
03	碳粉	WJ－205	盒	396. 00	48. 00	19008. 00	
04	碳粉	PT－TT	盒	1250. 00	25. 00	31250. 00	
05	碳粉	L8－C	盒	1008. 00	50. 00	50400. 00	
合计	人民币（大写）：壹拾万零陆佰伍拾捌元整					￥100658. 00	

第三联：记账联

总经理：王靓　　销售经理：李莉　　经手人：何钦　　会计：李磊

图 5.13　销售单

1100082142

北京增值税专用发票

发　票　联

№ 60972924

开票日期：2014 年 07 月 22 日

购货单位	名　　称： 纳税人识别号： 地 址 、电 话： 开户行及账户：	密码区	3-65745<19458<3840481　加密版本：01 75/37503848*7>+>-2//5　1100082142 >*8574567-7<8*873/+<4　60972924 13-3001152-/>7142>>8-

货物或应税劳务名称	规格型号	单位	数量	单价	金额	税率	税额
合　计							
价税合计（大写）	⊗						

销货单位	名　　称： 纳税人识别号： 地 址 、电 话： 开户行及账户：	备注	

第三联：发票联　购货方记账凭证

收款人：　　复核：　　开票人：　　销货单位（章）

图 5.14　增值税专用发票

步骤一，熟悉原始凭证的基本要素，掌握原始凭证的填制要求。

步骤二，开票人员根据销售单位，按照原始凭证的填制要求，开具一式三联的增值税专用发票。

① 开票日期填写“2014 年 07 月 22 日”。

② 购货单位名称填写“上海顺发型材有限公司”。

③ 纳税人识别号填写“370321604927001”。

④ 地址、电话填写“上海市延平路78号 02125608631”。

⑤ 开户行及账号填写“交通银行上海支行 2102000100192000158471”。

⑥ 货物应税劳务名称第1行填写“碳粉”,第2行填写“碳粉”,第3行填写“碳粉”。

⑦ 规格型号第1行填写“MJ-205”,第2行填写“PT-II”,第3行填写“LB-C”。

⑧ 单位第1行填写“盒”,第2行填写“盒”,第3行填写“盒”。

⑨ 数量第1行填写“48.00”,第2行填写“25.00”,第3行填写“50.00”。

⑩ 单价第1行填写“396.00”,第2行填写“1 250.00”,第3行填写“1 008.00”。

⑪ 金额第1行填写“19 008.00”,第2行填写“31 250.00”,第3行填写“50 400.00”。

⑫ 税率填写“17%”。

⑬ 税额第1行填写“3 231.36”,第2行填写“5 312.50”,第3行填写“8 568.00”。

⑭ 合计栏金额填写“¥100 658.00”,税额填写“¥17 111.86”。

⑮ 价税合计(大写)栏填写“壹拾壹万柒仟柒佰陆拾玖元捌角陆分”,小写填写“¥117 769.86”。

⑯ 销售单位名称填写“北京明朗经贸发展有限公司”。

⑰ 纳税人识别号填写“110106802215046”。

⑱ 地址电话填写“北京市海淀区翠微路5号 01085108257”。

⑲ 开户行及账号填写“交通银行北京分行 1441750104000041073421”。

⑳ 销售单位(章)处加盖北京明朗经贸发展有限公司发票专用章,开票人张伟签章,出纳人员收取款项后签名或盖章。

步骤三,将增值税专用发票的发票联和抵扣联交给购货方,记账联由财务部门会计作为记账依据。

成果展示 填制完成的增值税专用发票如图5.15所示。

1100082142 北京增值税专用发票

此联不作报销 扣税凭证使用 № 60972924

开票日期:2014年07月22日

购货单位	名称:上海顺发型材有限公司 纳税人识别号:370321604927001 地址、电话:上海市延平路78号 02125608631 开户行及账户:交通银行上海支行 2102000100192001584 71			密码区	3-65745<19458<3840481 加密版本:01 75/37503848*7>+>-2//5 1100082142 >*8574567-7<8*873/+<4 60972925 13-3001152-/>7142>>8-		
货物或应税劳务名称	规格型号	单位	数量	单价	金额	税率	税额
碳粉	MJ-205	盒	48.00	396.00	19 008.00	17%	3 231.36
碳粉	PT-II	盒	25.00	1 250.00	31 250.00	17%	5 312.50
碳粉	LB-C	盒	50.00	1 008.00	50 400.00	17%	8 568.00
合计					¥100 658.00		¥17 111.86
价税合计(大写)	⊗壹拾壹万柒仟柒佰陆拾玖元捌角陆分				¥117 769.86		
销货单位	名称:北京明朗经贸发展有限公司 纳税人识别号:110106802215046 地址、电话:北京海淀区翠微路5号 01085108257 开户行及账户:交通银行北京分行 144175010400041073421			备注	北京明朗经贸发展有限公司 110106802215046 发票专用章		

收款人: 复核: 开票人:张伟 销货单位:(章)

第三联:发票联 购货方记账凭证

图5.15 增值税专用发票

工作实例5-2 2014年7月18日,北京化工有限公司收回上月销售款58 000元。

要求根据银行进账单(见图5.16)编制相关记账凭证(凭证号:30号;制单人:崔亮),如图5.17所示。

交通银行 进账单 (收账通知) 3

2014年07月18日

出票人	全称	北京瑞鑫加工厂	收款人	全称	北京化工有限公司
	账号	12343125032210 01220		账号	020000100901213644121
	开户银行	中国工商银行北京支行		开户银行	交通银行北京分行
金额	人民币(大写)	伍万捌仟元整		亿千百十万千百十元角	¥ 5 8 0 0 0 0
票据种类	转账支票	票据张数	1		
票据号码					
	复核 记账			交通银行北京分行 2014.07.18 转讫 (01) 收款人开户行盖章	

此联是收款人开户银行交给收款人的收账通知

图5.16 银行进账单

收款凭证

字第　　号

借方科目:　　　　　　　　年　月　日

摘　要	对方科目		借或贷	金　额										√
	总账科目	明细科目		千	百	十	万	千	百	十	元	角	分	
														□
														□
														□
														□
														□
														□
合　计														□

附单据　张

会计主管:　　　　记账:　　　　出纳:　　　　复核:　　　　制单:

图5.17　收款凭证

步骤一,熟悉记账凭证的基本要素,掌握收、付、转账凭证的填制要求。

步骤二,审核原始凭证。

步骤三,依据审核无误的原始凭证编制业务分录。

步骤四,根据借、贷方科目确定需要填制的凭证类别。

本业务的账务处理如下。

借:银行存款　　　　58 000

　　贷:应收账款——北京化工有限公司　　　　58 000

分析:由于该业务借方科目为“银行存款”,所以应填制收款凭证。如果贷方科目有“库存现金”或“银行存款”时,应填制付款凭证;如果借、贷方科目均无“库存现金”或“银行存款”时,应填制转账凭证。

步骤五,按照收款凭证填制要求填写收款凭证,具体如下。

① 凭证字号处填写“银收字第30号”(注:采用五类编号法)。

② 借方科目处填写“银行存款”。

③ 日期处填写“2014年07月18日”。

④ 摘要栏填写“收回销售款”。

⑤ 对方科目中总账科目填写“应收账款”,明细科目填写“北京化工有限公司”。

⑥ 金额栏填写“58 000.00”。

⑦ 合计栏填写“¥58 000.00”。

⑧ 在科目金额与合计金额中间空行处画单直线注销空白行。

⑨ 附单据张数填写1,并将进账单粘贴在记账凭证的后面。

⑩ 制单人崔亮签章。

⑪ 将记账凭证传递给审核人员,审核人员按规定进行审核无误后签名。

注:收款凭证右侧的记账栏由记账人员记账后填写。

成果展示 填制完成的收款凭证如图 5.18 所示。

收款凭证

银收字第30号

借方科目：银行存款　　　　2014 年 07 月 18 日

摘要	对方科目		借或贷	金额										√
	总账科目	明细科目		千	百	十	万	千	百	十	元	角	分	
收回销售款	应收账款	北京化工有限公司					5	8	0	0	0	0	0	□
合计						¥	5	8	0	0	0	0	0	□

附单据　张

会计主管：　　记账：　　出纳：　　复核：　　制单：崔亮

图 5.18　收款凭证

注意

在填制表格式原始凭证、填制记账凭证、登记账簿和编制会计报表及其他反映金额的表格时，金额的小数点后面为 0 的，在证、账、表的“角、分”位置格中要填写 0 占位，不能空位或用其他符号代替。

本单元小结

1. 本单元主要介绍了企业会计凭证方面的知识，包括原始凭证和记账凭证。
2. 原始凭证方面主要讲述了原始凭证的概念、种类、基本内容及填制、审核。
3. 记账凭证方面主要讲述了记账凭证的概念、种类、基本内容及填制、审核。
4. 介绍了会计凭证的传递与保管知识。

第六单元

设置和登记会计账簿

学习目标

- 理解会计账簿的含义,了解会计账簿的作用及其与账户的关系。
- 能够正确区分各类会计账簿,掌握其分类方法。
- 了解会计账簿的启用方法,掌握会计账簿的记账规则。
- 掌握如何进行账证核对、账账核对、账实核对。
- 掌握正确的错账更正方法,定期进行结账。
- 能够熟练、准确地填写总分类账、日记账及明细分类账。

引导案例

小张是刚进校的会计专业学生,学校在第一学期组织学生到合作企业新华工厂的财务科进行分组参观,以感受企业专业的文化氛围。小张这组首先来到了现金会计李明处,只见李会计的桌子上放了 2 个本子,上面写着“库存现金明细账”和“银行存款明细账”,里面都记了很多内容;小张他们随后来到了总账王成处,发现一个与“库存现金明细账”和“银行存款明细账”一模一样的本子,但上面写着“总分类账”,其账页的形式和记录的方法似乎和上 2 本账有所不同,但小张又说不出不同之处;最后他们来到了会计宋伟处,只见他的桌面上堆了好几个本子,但不像是前几个本子那样装订好的,而是一本本的类似于活页夹的东西,上面写着“原材料明细账”、“应收账款明细账”等,但里面的账页和刚才看到的几本有相似之处,却又不完全相同。小张糊涂了,都是所谓的“账”,为什么要用不同形式的本子?里面的账页形式为什么又各不相同?根据什么来选用不同的账页?它们的填列方法是否相同?带着这些疑问,小张回到学校询问老师,老师告诉他这些疑问在“基础会计”课程会计账簿这一单元的学习中都能找到答案。

项目一 了解会计账簿

任务描述

前面的单元已经讲述，每项经济业务都需要在记账凭证上进行记录和反映，以便正确、及时地反映和监督各项经济业务的发生和完成情况。但是，记账凭证只能提供单个的、缺乏联系的信息，一个企业在一定时期内会发生大量的经济业务，记账凭证数量多，而且比较分散，不能全面、系统地反映整个企业的经济活动。为了全面了解一个企业的经济活动，必须将分散在会计凭证上的会计信息加以归类、整理、分类、汇总，将同类经济业务连续、系统、全面、综合地反映出来，这就需要设置和登记账簿。通过账簿记录将大量分散在会计凭证上的核算资料进行归类整理，为报表的编制提供依据。

教学准备

1. 根据项目、任务的需要，将学生分组，并下发给学生工作页。
2. 撰写教案、备课笔记，并制作本项目的课件。
3. 根据项目任务，选择项目教学、小组讨论、案例教学等方法。
4. 明确本项目的考核内容、考核要求及评分标准。

相关知识

一、会计账簿概述

（一）会计账簿的含义

会计账簿是指由一定格式相互联系的账页组成的，以通过审核的会计凭证为依据，全面、系统、连续地记录各项经济业务的簿籍，简称账簿。

（二）会计账簿的作用

登记账簿是会计核算的一种专门方法。科学地设置和登记账簿，对于全面反映企业财务变动状况，以及提供真实、准确的会计核算资料，提高经济管理水平，具有重要的意义。账簿具体有以下4个作用。

① 账簿可以全面、系统、连续地反映各单位经济活动的全貌。账簿是将分散在会计凭证上的资料加以归类整理，并加工成有用的会计信息。它反映了各会计要素的变动情况及其结果。

② 账簿记录是编制财务报表的主要来源。会计报表所需的各项数据均来源于账簿记录，账簿的设置和登记是否准确、可靠，直接影响到会计报表的质量。

③ 账簿是考核企业经营成果、分析企业经营情况的重要依据。通过账簿提供的资料，

能全面了解企业的财务状况和经营成果；通过对账簿与计划、定额等指标的比较，可以考核相关部门执行及完成的情况。账簿为加强经济管理提供原始数据资料。

④ 账簿是检查财产物资是否安全、完整的重要依据。通过账簿，可以随时了解和具体掌握各项财产物资的增减变化；将有关账簿的结存数额与对应的财产物资实存数额进行核对，可以监督检查账实是否相符，以保证财产物资的安全、完整。

（三）会计账簿与账户的关系

会计账簿与账户是形式和内容的关系，账簿只是一个外在形式，账户才是它的真实内容。具体说明如下。

① 账户存在于账簿之中，账簿中的每一个账页就是账户的存在形式和载体，没有账簿，账户就无法存在。

② 账簿序时、分类地记载经济业务是在个别账户中完成的。

（四）会计账簿的种类

在会计核算过程中，不同的账簿其用途、形式、内容和登记方法都各不相同。为了更好地了解和使用各种账簿，有必要对账簿进行分类。在实际工作中，可以按以下几种方法对账簿进行分类。

1. 按用途分类

账簿按用途不同，可以分为序时账簿、分类账簿和备查账簿。

（1）序时账簿

序时账簿又称日记账，是指按经济业务发生时间的先后顺序，逐日、逐笔登记的账簿。在实际工作中，时间的先后顺序通常是指会计凭证的编号顺序，即会计部门制作会计凭证的先后顺序。

日记账簿按其记录的内容不同，又分为普通日记账和特种日记账两种。普通日记账簿是将企业每天发生的所有经济业务，不论其性质如何，均按其先后顺序编成会计分录，记入账簿；特种日记账簿是指用来记录某些需要特别关注、大量发生的经济业务，并起汇总作用的会计账簿。按记录经济业务的不同，可分为库存现金日记账、银行存款日记账等。

（2）分类账簿

分类账簿是对全部经济业务按总分类账户和明细分类账户进行分类登记的账簿。分类账簿按其反映指标的详细程度，可划分为总分类账簿和明细分类账簿两种。

总分类账簿又称总分类账，是指按总分类账户分类设置，并登记全部经济业务的会计账簿。明细分类账簿又称明细账，是指按明细分类账户登记的账簿。总分类账总括地记录和反映经济业务的概括情况，是对明细账的汇总；明细账详细地记载了经济业务的具体内容，是对总账的补充。

（3）备查账簿

备查账簿又称辅助账簿，是指对某些在序时账和分类账中未能记载或记载不全的事项进行补充登记的账簿。例如，在正式账簿之外，对某些经济内容提供补充信息，如租入固定资产登记簿、应收票据登记簿、委托加工材料登记簿等。由于备查账不是真正的账簿，所以没有固定的账页格式，与其他账簿之间也没有特定的关系，各单位可以根据实际需要进行设置。

2. 按外表形式分类

账簿按外表形式的不同，可分为订本账簿、活页账簿和卡片账簿。

（1）订本账簿

订本账簿是指在账簿启用之前就把若干顺序编号的账页装订在一起的账簿。采用订本账可以防止账页散失，并能够避免人为的抽换账页，从而保证账簿的安全性。但是，由于账页序号和总数已经固定，不能随意增减，因此在使用前必须为每一账户预留账页。这样可能会出现某些账户预留账页不足的现象，从而影响账簿记录的连续性；如果某些账户预留过多，则会造成不必要的浪费。另外，采用订本账簿，在同一时间内，只能由一个人登账，不便于分工记账。通常，重要的账簿采用订本账簿，如总分类账、库存现金日记账、银行存款日记账等。

（2）活页账簿

活页账簿是指根据业务需要将若干张零散的账页自行组合成的账簿。它可以根据需要灵活增减账页，具有使用灵活、保管方便的优点；缺点是账页容易散乱丢失，也容易出现人为抽换账页等问题。因此，在使用时应预先对账页连续编号，并由有关人员在账页上加盖印章，年末应将其装订成册后保存。由于活页账簿的账页不事先固定装订在一起，在同一时间内，可以由若干会计人员分工记账。通常，明细账都采用活页账簿。

（3）卡片账簿

卡片账簿是指将账户所需的格式印制在硬卡上的账簿。严格地说，卡片账簿也是一种活页账簿，只不过它不是装在活页账夹中，而是装在卡片箱内。卡片的数量可以随着经济业务的多少而增减，无须经常更换，但容易散失。对此，可将卡片打孔固定保管。在我国，通常只对固定资产的核算采用卡片账簿进行登记。

3. 按账页格式分类

账簿按其所使用的账页格式的不同，可以划分为三栏式账簿、多栏式账簿、数量金额式账簿、两栏式账簿和横线登记式账簿。

（1）三栏式账簿

三栏式账簿是指由三栏式账页组成的账簿。三栏式账页一般设有借方、贷方和余额3个基本栏目，用以反映某项资金的增减、结余情况。三栏式账页适用于只需要进行金额核算的经济业务，如总分类账、各种日记账、债权债务类明细账等。

（2）多栏式账簿

多栏式账簿是指由多栏式账页组成的账簿。虽然多栏式账页的基本结构也采用借方、贷方、余额3栏的形式，但根据其所要反映的经济业务的特点，可在借方或贷方栏目下面再分别设若干个专栏，以详细、具体地记载某一类经济业务的情况。多栏式账页一般适用于需要进行分项目具体反映的经济业务，如制造费用、管理费用等费用类明细账。

（3）数量金额式账簿

数量金额式账簿是指由数量金额式账页组成的账簿。数量金额式账页的基本结构也采用借方、贷方、余额3栏的形式，但在每栏的下面再分别设置数量、单价、金额3个小栏目，以具体反映这三者之间的关系。数量金额式账页适用于既需要进行金额核算又需要进行数量核算的经济业务,如库存商品、原材料等存货类明细账。

(4) 两栏式账簿

两栏式账簿是指由两栏式账页组成的账簿。两栏式账只有借方、贷方2个基本金额栏目。此种账页使用较少,如普通日记账等。

(5) 横线登记式账簿

横线登记式账簿是指全部由横线登记式账页组成的账簿。横线登记式账页的基本结构是在同一张账页的同一行,记录某一项经济业务从发生到结束的有关内容。这种账页一般适用于需要逐笔进行结算的经济业务,这样可以对照反映经济活动的来龙去脉,对应关系清楚明了,如材料采购明细账等。

综上所述,会计账簿的分类如图6.1所示。

- 会计账簿
  - 按用途分类
    - 序时账簿
    - 分类账簿
    - 备查账簿
  - 按外表形式分类
    - 订本账簿
    - 活页账簿
    - 卡片账簿
  - 按账页格式分类
    - 三栏式账簿
    - 多栏式账簿
    - 数量金额式账簿
    - 两栏式账簿
    - 横线登记式账簿

图6.1 会计账簿的分类

即问即答

在现阶段的企业中,必须开设的账簿一般有库存现金日记账、银行存款日记账、总分类账、往来明细账、材料明细账、固定资产明细账等。请问以上账簿按用途、外表形式、账页格式分类分别属于哪一类型?

二、会计账簿的设置要求、基本内容、启用与记账规则

(一) 会计账簿的设置要求

每一个会计主体在设置会计账簿时,都应当根据经济业务的特点和管理上的需要来确定。设置时应符合以下要求。

① 账簿的设置既要确保账簿体系科学严密,又要考虑单位规模的大小、业务的繁简、会计工作分工协作及内部控制等因素,使各账簿之间既分工明确又联系密切,在避免重复和遗漏的同时,考虑人力、物力的节约。

② 账簿的设置要能保证系统、全面地反映和监督经济活动的情况,满足经济管理的需

要,为经济管理提供总括的和明细的核算资料。

③ 账簿的格式应简便实用,便于操作。

(二) 会计账簿的基本内容

各种账簿所记录的经济内容不同,格式又多种多样,而不同样式账簿格式所包括的具体内容也不尽一致,但各种账簿都应具备一些基本内容。这些基本内容主要包括以下 3 个方面。

1. 封面

封面主要标明会计账簿的名称,如总分类账、库存现金日记账、银行存款日记账等。

2. 扉页

扉页主要用来标明会计账簿的使用信息,如本账簿启用的日期、页数、册次、责任人签章、接交记录等(见表 6.1)。

表 6.1 账簿启用及接交表

<table>
<tr><td colspan="2">单位名称</td><td colspan="6"></td><td colspan="3" rowspan="5">公 章</td></tr>
<tr><td colspan="2">账簿名称</td><td colspan="6">(第 册)</td></tr>
<tr><td colspan="2">账簿编号</td><td colspan="6"></td></tr>
<tr><td colspan="2">账簿页数</td><td colspan="6">本账簿共计 页(检点人盖章)</td></tr>
<tr><td colspan="2">启止日期</td><td colspan="6">公元 年 月 日至公元 年 月 日</td></tr>
<tr><td rowspan="3">经管人员</td><td colspan="2">单位主管</td><td colspan="3">财务主管</td><td colspan="2">复 核</td><td colspan="3">记 账</td></tr>
<tr><td>姓 名</td><td>盖 章</td><td>姓 名</td><td colspan="2">盖 章</td><td>姓 名</td><td>盖 章</td><td>姓 名</td><td colspan="2">盖 章</td></tr>
<tr><td></td><td></td><td></td><td colspan="2"></td><td></td><td></td><td></td><td colspan="2"></td></tr>
<tr><td rowspan="7">接交记录</td><td colspan="2">经管人员</td><td colspan="4">接 管</td><td colspan="4">交 出</td></tr>
<tr><td>职 别</td><td>姓 名</td><td>年</td><td>月</td><td>日</td><td>盖 章</td><td>年</td><td>月</td><td>日</td><td>盖 章</td></tr>
<tr><td></td><td></td><td></td><td></td><td></td><td></td><td></td><td></td><td></td><td></td></tr>
<tr><td></td><td></td><td></td><td></td><td></td><td></td><td></td><td></td><td></td><td></td></tr>
<tr><td></td><td></td><td></td><td></td><td></td><td></td><td></td><td></td><td></td><td></td></tr>
<tr><td></td><td></td><td></td><td></td><td></td><td></td><td></td><td></td><td></td><td></td></tr>
<tr><td></td><td></td><td></td><td></td><td></td><td></td><td></td><td></td><td></td><td></td></tr>
<tr><td>备注</td><td colspan="10"></td></tr>
</table>

3. 账页

账页是账簿用来记录经济业务事项的载体。不同的账页样式也不一样,但一般都应包括以下几个方面。

① 账户的名称(会计科目)。

② 登记账簿的日期栏。

③ 凭证种类和号数栏。

④ 摘要栏(记录经济业务内容的简要说明)。

⑤ 金额栏(记录经济业务的增减变动情况)。

⑥ 总页次(账簿总页数)栏和分户页次(该账户所在的页数)栏。

(三) 会计账簿的启用

在启用会计账簿时,应当在账簿封面上写明单位名称和账簿名称及所属的会计年度,并在账簿的扉页上填写启用表,其中包括单位名称、账簿名称、账簿编号、起止日期、单位负责人、主管会计、审核人员和记账人员等项目。更换记账人员时,应办理交接手续,在接交记录内填写交接日期和交接人员姓名并签章。

启用订本账簿时,应当从第一页到最后一页顺序编定页数,不得调页、缺号。使用活页账簿时,应当按账户顺序编号,并需定期装订成册,装订之后再按实际使用的账页顺序编定页码,另加目录,记明每个账户的名称和页次。

在账簿的右上角粘贴印花税票,并画线注销。

(四) 会计账簿的记账规则

为了保证账簿资料的真实、可靠,会计人员在登记账簿时必须严格按照以下要求进行。

① 应当根据审核无误的会计凭证登记账簿。账簿记录中的日期,应该填写记账凭证上的日期;以自制原始凭证(如收料单、领料单等)作为记账依据的,账簿记录中的日期应按有关自制凭证上的日期填列。为了保持账页的美观,每一页的第一笔业务的年、月应在“年”、“月”栏中填写,只要不跨月度,以后本页再登记时,一律只填日期,不填月份。跨月登记时,应在上月的月结线下的“月”栏内填写新的月份。

② 登记完毕后,要在记账凭证上签名或盖章,并注明已经登账的符号(如√),避免重记、漏记。

③ 账簿中书写的文字和数字上面要留有适当的空格,不要写满格,一般应占格距的1/2,以便留有改错的空间,同时也是为了保持账页美观;阿拉伯数字的书写要符合规范,文字的书写要工整,不得自造简化汉字。

④ 登记账簿必须使用蓝黑墨水或碳素墨水,并用钢笔书写,不得使用圆珠笔或铅笔书写,但银行的复写账簿可以用圆珠笔书写。

⑤ 有下列情况的,可以用红色墨水记账。

- 按照红字冲账的记账凭证,冲销错误记录。
- 在不设借、贷等栏的多栏式账页中,登记减少数。
- 在三栏式账户的余额栏前,如未印明余额方向,在余额栏内登记负数余额。
- 根据国家统一的会计制度的规定可以使用红字登记的其他会计记录。

⑥ 在登记各种账簿时,应按页次顺序连续登记,不得隔页、跳行。如果发生隔页、跳行,应在空页、空行处用红色墨水画对角线注销,或者注明“此页空白”或“此行空白”字样,并在所画对角线的交叉处由记账人员签名或盖章。

⑦ 凡需要结出余额的账户,在结出余额后,应当在“借或贷”栏内注明“借”或“贷”字

样。没有余额的账户，应当在“借或贷”栏内写“平”字，并在余额栏内用“0”并在其下加波浪线的特殊符号表示。

注意：现金日记账和银行存款日记账必须逐日结出余额。

⑧ 在每一账页登记完毕结转下页时，应当结出本页的合计数及余额，写在本页最后一行和下页第一行的有关栏内，并在摘要栏内注明“过次页”和“承前页”字样；也可以将本页合计数及金额只写在下页第 1 行的有关栏内，并在摘要栏内注明“承前页”字样。对“过次页”的本页合计数的处理可分为以下 3 种情况。

- 对需要结计本月发生额的账户，结计“过次页”的本页合计数应当为自本月初起至本页末止的发生额合计数，这样既可以根据“过次页”的合计数随时了解自本月初起至本页末止的发生额，也便于月末结账时加计“本月合计”数额。
- 对需要结计本年累计发生额的账户，结计“过次页”的本页合计数应当为自年初起至本页末止的累计数，这样既可以根据“过次页”的合计数随时了解自年初起至本页末止的累计发生额，也可以为年终结账时加计“本年累计”数额提供方便。
- 对既不需要结计本月发生额也不需要结计本年累计发生额的账户，可以只将每页末的余额结转次页。对这类账户有时为了验证月末余额的计算是否正确，可以用铅笔结出每页的发生额，这个合计数不占正式空格，一般写在底线的下边。

⑨ 实行会计电算化的单位，总账和明细账应当定期打印。发生收款和付款业务的，在输入收款凭证和付款凭证的当天，必须打印出库存现金日记账和银行存款日记账，并与库存现金核对无误。

项目二　会计账簿的格式与登记方法

任务描述

掌握日记账、总分类账和明细分类账的登记方法。

教学准备

1. 根据项目、任务的需要，将学生分组，并下发给学生工作页。
2. 撰写教案、备课笔记，并制作本项目的课件。
3. 根据项目任务，选择项目教学、小组讨论、案例教学等方法。
4. 明确本项目的考核内容、考核要求及评分标准。

相关知识

一、日记账的格式和登记方法

日记账是指按照经济业务发生的时间先后顺序，逐日、逐笔登记的账簿。日记账按其记录经济业务内容的不同，分为普通日记账和特种日记账。

(一) 普通日记账的格式和登记方法

普通日记账是指根据经济业务发生的先后顺序,逐日、逐笔登记全部经济业务的会计账簿。由于普通日记账是逐笔编制会计分录的,因此也称为会计分录簿,如表6.2所示。

表6.2　　普通日记账(两栏式)

201×年		摘　要	账户名称	借方金额	贷方金额
月	日				
3	1	购办公用品	管理费用 库存现金	200	200
	4	提现	库存现金 银行存款	30 000	30 000
	13	发放工资	应付职工薪酬 库存现金	27 000	27 000
			……		
		本月合计		300 875	300 875

普通日记账的登记方法如下。

① 日期栏登记经济业务发生的时间。

② "摘要"栏简要填写经济业务的内容。

③ "账户名称"栏填写会计分录涉及的会计科目名称。

④ "借方金额"栏填写应借记账户的金额。

⑤ "贷方金额"栏填写应贷记账户的金额。

普通日记账能够全面反映经济业务的发生及初步会计确认的情况,它的主要作用在于控制会计凭证。因此,在采用了其他方法保证会计凭证安全、完整的情况下,也可以不设普通日记账。在我国的实际工作中,已很少使用普通日记账,而主要使用特种日记账。

(二) 特种日记账的格式和登记方法

特种日记账是专门用以序时登记某一类经济业务的日记账。一个单位要设置哪些特种日记账,应根据具体情况而定。一般来说,一个单位大量发生的、重复次数很多的、很重要、应重点反映和监督的经济业务,都可以设置特种日记账予以重点反映。一个企业通常可设置库存现金日记账、银行存款日记账、购货日记账、销货日记账等特种日记账。下面主要介绍最常用的库存现金日记账和银行存款日记账。

1. 库存现金日记账

库存现金日记账是由出纳员对现金收付业务逐日、逐笔按经济业务发生的先后顺序进行登记的,用以详细、序时地记录和监督企业现金的收入、支出和结余情况的一种账簿。其格式有三栏式和多栏式两种。无论采用三栏式还是多栏式现金日记账,都必须使用订本账。

(1) 三栏式库存现金日记账的格式和登记方法

三栏式库存现金日记账是设置有收入栏、支出栏和余额栏,并由出纳人员根据现金收、付款记账凭证和银行存款付款凭证(从银行提取现金的业务),按经济业务发生的顺序逐日、逐笔进行登记的一种特种日记账。除了应提供每日的现金收入、支出及余额的信息外,还应设置"对方科目"栏,以提供反映现金收入的来源和支出的用途方面的信息。一般企业均设置三栏式日记账,具体样式如表6.3所示。

表6.3 库存现金日记账(三栏式) 元

201×年		凭证号数	对方科目	摘要	√	收入金额	支出金额	结存金额
月	日							
				承前页				3 250
3	10	现付12	管理费用	厂部购办公用品			250	
	10	现付13	其他应收款	张三预借差旅费			2 000	
	10	银付15	银行存款	提现		3 000		
				本日合计		3 000	2 250	4 000

三栏式库存现金日记账的登记方法如下。

① 日期栏:登记现金的实际收付日期。

② "凭证号数"栏:登记记账所依据的记账凭证的种类及编号。例如,记账凭证为15号现金收款凭证,记为"现收15号";记账凭证为20号现金付款凭证,记为"现付20号";记账凭证为25号银行存款付款凭证,记为"银付25号"。准确记录凭证号码,有利于查账和核对。

③ "摘要"栏:简要说明所记经济业务的内容。文字要简练,但能说明问题。

④ "对方科目"栏:填列会计分录中与借或贷记现金账户相对应的那一方的科目名称,也就是现金收入的来源科目或现金支出的用途科目。其作用是便于了解经济业务的来龙去脉。例如,用现金支付办公费100元,"对方科目"栏就应填"管理费用"。

⑤ "收入金额"、"支出金额"和"结存金额"栏:收入、支出栏用以分别记录实际发生的现金收入和支出金额。每日应在本日所记最后一笔经济业务行的下一行("本日合计"行)进行本日合计,并在"本日合计"行内的"摘要"栏填写"本日合计"字样,分别合计本日的收入和支出,并计算出余额,填写在该行内的"收入金额"栏、"支出金额"栏和"结存金额"栏。如果一个单位的现金收付业务不多,可不填写"本日合计"行,但需结出每日的余额,并填写在每日所记最后一笔经济业务行的"结存金额"栏内。每日应将现金日记账的结存金额与库存现金核对,即"日清";月末要计算并填列收入合计数和支出合计数,即"月结"。

(2) 多栏式库存现金日记账的格式和登记方法

多栏式库存现金日记账是在三栏式库存现金日记账的基础上发展建立起来的,是在账内设置贷方科目栏(收入栏)和借方科目栏(支出栏),并在栏内分别按与现金或银行存款科目对应的应贷科目或应借科目设置相应的专栏,按其业务发生的顺序逐日、逐笔登记的一种特种日记账。由于多栏式日记账是按库存现金、银行存款科目的对应科目设置专栏,因而,它具备了现金、银行存款收付款凭证汇总表的作用,既能反映经济业务的来龙去脉,又能减少登记分类账簿的工作量。其样式如表6.4所示。

表 6.4　　库存现金日记账(多栏式)　　元

201×年		凭证号数	摘要	√	收入金额(贷方科目)				支出金额(借方科目)				结存金额
月	日				银行存款	主营业务收入	……	收入合计	其他应收款	管理费用	……	支出合计	
													3 250
3	10									250		250	
	10	(略)	(略)						2 000			2 000	
	10				3 000			3 000					
			本日合计		3 000		……	3 000	2 000	250	……	2 250	4 000

根据现金收、付款凭证,将与现金账户对应的贷方账户的金额或借方账户的金额登记在“贷方科目”栏或“借方科目”栏的相应账户专栏和“收入合计”栏或“支出合计”栏内,既表示现金的增加或减少,也表示与现金账户对应账户的减少或增加;在“结存金额”栏填写每日现金的余额。

上述多栏式日记账是将“借方科目”栏和“贷方科目”栏设置于一张账页上。但如果对应科目较多,会使栏目设置较多,不方便记账。为了弥补这一缺陷,可将上述日记账一分为二,分为多栏式库存现金收入日记账和多栏式库存现金支出日记账。其登记方法与多栏式库存现金日记账的登记方法相同,样式分别如表 6.5 和表 6.6 所示。

表 6.5　　多栏式库存现金收入日记账　　元

201×年		凭证号数	摘　要	√	收入金额(贷方科目)				支出合计	结存金额
月	日				银行存款	主营业务收入	……	收入合计		
										3 250
3	10									
	10	(略)	(略)							
	10				3 000			3 000		
			本日合计		3 000		……	3 000	2 250	4 000

表 6.6　　多栏式库存现金支出日记账　　元

201×年		凭证号数	摘　要	√	支出金额(借方科目)			支出合计
月	日				其他应收款	管理费用	……	
3	10	(略)	(略)			250		250
	10				2 000			2 000
			本日合计		2 000	250	……	2 250

多栏式库存现金日记账一般适用于现金收付业务较多,但与“库存现金”科目对应的科

目不多和比较固定的单位。

2. 银行存款日记账

银行存款日记账是用来核算和监督银行存款每日的收入、支出和结余情况的账簿。该账簿由出纳人员根据银行存款的收款凭证和付款凭证序时、逐日、逐笔进行登记,每日终了时结出该账户的收入、支出合计数和余额,并定期与银行对账单对账。银行存款日记账的账页样式一般为三栏式,但也可以采用多栏式。它与库存现金日记账的区别是在"摘要"栏前需设置"结算凭证"和"对方单位"2栏,以便与银行对账单核对,同时,银行存款日记账还可以提供银行存款收入的来源和支出的用途,以查看是否符合有关规定。其样式如表6.7所示。

表6.7　银行存款日记账(三栏式)　元

201×年		凭证号数	结算凭证		对方单位	对方科目	摘　要	√	收　入	支　出	结　存
月	日		种类	编号							
							承前页				200 000
3	12		支票	056	A厂	材料采购	购甲材料			2 000	198 000
	13	(略)	支票	057	B厂	应付账款	支付前欠款			30 000	168 000
	13		解款单	258		库存现金	存现金		3 000		171 000
	31						本月合计		76 000	96 000	180 000

三栏式银行存款日记账的登记方法与三栏式库存现金日记账相同。

二、总分类账的格式和登记方法

总分类账也称总账,是按照总分类账户分类登记,以提供总括会计信息的账簿。由于总分类账能够全面、总括地反映经济活动的情况,并为编制会计报表提供资料,因此任何单位都要设置总分类账。

总分类账的账页格式最常见的为三栏式。采用该种账页的总分类账要求每一个账户单独使用一个账页,并为每个账户预留若干张账页,每一账页上设置"借方"、"贷方"和"余额"三栏。其样式如表6.8所示。

表6.8　固定资产总分类账　元

201×年		凭证号数	摘　要	√	借　方	贷　方	借或贷	余　额
月	日							

总分类账可以根据记账凭证逐笔登记，也可以根据科目汇总表或汇总记账凭证等登记。总分类账的登记取决于核算形式，其内容将在第九单元中介绍。

三、明细分类账的格式和登记方法

明细分类账又称为明细账，是根据二级账户或明细分类账户开设账页，分类、连续地登记业务，以提供明细核算资料的账簿。明细分类账所提供的有关经济活动的详细资料也是编制会计报表的依据之一，各个单位在设置总分类账的基础上，还应根据管理的需要，按照总账科目设置若干必要的明细分类账，作为总分类账的必要补充。这样既能根据总分类账了解某一科目的总括情况，又能根据有关的明细分类账进一步了解该科目的详细情况。各个单位应根据经营管理的需要，为各种财产物资、应收应付款项、收入、费用、利润等有关总账科目设置各种明细分类账，进行明细分类核算。明细分类账一般采用活页式账簿，有的采用卡片账（如固定资产）。其格式有三栏式、多栏式、数量金额式和横线登记式等。

（一）三栏式明细分类账

三栏式明细分类账是设有借方、贷方和余额3个栏目，用以分类核算各项经济业务，提供详细核算资料的账簿。其格式与三栏式总账格式相同，适用于只进行金额核算的明细分类账户，如"应收账款"、"应付账款"等单纯以金额反映业务的明细账。现以"应付账款"账户为例，其样式如表6.9所示。

表6.9　　应付账款明细账

总账科目：应付账款

明细科目：甲公司

元

201×年		凭证号数	摘　要	√	借　方	贷　方	借或贷	余　额
月	日							
2	1		期初余额				贷	30 000
	15	转12	购料，款未付			20 000	贷	50 000
	19	银付23	偿还前欠货款		30 000		贷	20 000
2	28		本月合计		30 000	20 000	贷	20 000

（二）多栏式明细分类账

多栏式明细分类账是将属于同一个总账科目的各个明细项目合并在一张账页上进行登记，并在三栏式账页的基础上，根据经济业务的特点和经营管理的需要在账户的借方或贷方分设若干专栏，以集中反映各有关明细项目增减变化情况的账簿。

按照专栏设置方向的不同，多栏式明细分类账可分为借方多栏式、贷方多栏式及借贷方多栏式3种格式。借方多栏式是在"借方"栏按明细项目分设若干专栏，主要适用于借方需设置明细项目的成本费用类账户，如"管理费用"、"制造费用"、"生产成本"等账户。现以"制造费用"账户为例，其样式如表6.10所示。

表 6.10　　制造费用明细账　　元

201×年		凭证号数	摘　要	借　方					贷　方	余　额
月	日			工资	办公费	材料	……	合计		
3	1		期初余额							平
	3	转 6	领料			3 000		3 000		300
	6	转 19	分配工资	2 000				2 000		5 000
	7	银付 6	购办公品		800			800		5 800
	8	转 25	领料			2 000		2 000		7 800
3	31		费用合计	2 280	5 620	12 000		19 900		19 900
	31	转 46	结转生产成本	(2 280)	(5 620)	(12 000)		(19 900)	19 900	平
	31		期末余额							平

贷方多栏式是在“贷方”栏按明细项目分设若干专栏，主要适用于贷方需设置明细项目的收入类账户，如“其他业务收入”、“主营业务收入”、“营业外收入”等账户。现以“其他业务收入”账户为例，其样式如表 6.11 所示。

表 6.11　　其他业务收入明细账　　元

201×年		凭证号数	摘　要	借　方	贷　方					余　额
月	日				材料销售	出租固定资产	出租包装物	……	合　计	
3	1		期初余额							平
	1	银收 4	销售材料		5 000				5 000	5 000
	2	转 4	销售材料		6 000				6 000	6 000
	17	转 33	计算租金			400	700		1 100	1 100
	31		收入合计		44 000	400	700		55 000	55 000
	31	转 49	结转收入	55 000	(44 000)	(400)	(700)		(55 000)	平
	31		期末余额							平

借贷方多栏式是在“借方”栏和“贷方”栏均按明细项目分设若干专栏，主要适用于借贷方均需设置明细项目的账户，如“应交税费——应交增值税”、“本年利润”等账户。现以“应交税费——应交增值税”账户为例，其样式如表 6.12 所示。

表6.12　　应交税费——应交增值税明细账　　元

201×年		凭证号数	摘　要	借　方				贷　方				借或贷	余　额
月	日			进项税额	已交税金	……	合计	销项税额	出口退税	……	合计		
2	1		期初余额									贷	9 000
	5	银付6	购料	1 000			1 000					贷	8 000
	8	银收12	销售产品					5 000			5 000	贷	13 000
	9	银收14	销售产品					3 000			3 000	贷	16 000
	28		本月合计	6 000			6 000	12 000			12 000	贷	15 000

（三）数量金额式明细分类账

数量金额式明细分类账也采用“借方（收入）”、“贷方（发出）”、“余额（结存）”三栏式的基本结构，但在每栏下面又分别设置“数量”、“单价”、“金额”3个小栏目。数量金额式明细分类账适用于如“原材料”、“库存商品”等既需要进行金额核算，又需要进行具体的实物数量核算的账户。现以“原材料”账户为例，其样式如表6.13所示。

表6.13　　原材料明细账

计量单位：千克　　存放地点：3号库　　类别：主要材料　　货名：A材料　　元

201×年		凭证号数	摘　要	收　入			发　出			结　存		
月	日			数量	单价	金额	数量	单价	金额	数量	单价	金额
3	1		期初余额							600	2	1 200
	2	转5	收料	100	2	200				700	2	1 400
	4	转8	领料				200	2	400	500	2	1 000
	4	转15	领料				100	2	200	400	2	800
3	31		本月合计	1 500	2	3 000	1 000	2	2 000	1 100	2	2 200

经济业务发生后，根据有关记账凭证及原始凭证上的具体内容，登记明细科目的数量、单价，并计算出金额，然后按照选定的核算方法计算出结余的数量、单价和金额。由于企业所采用的发出存货的计价方法不同，登记发出栏的时间及金额也不尽相同，因而最终核算结果也会出现差异。

（四）横线登记式明细分类账

横线登记式明细分类账是采用横线登记，即将每一相关的业务登记在一行，从而可依据每一行各个栏目的登记是否齐全来判断该项业务的进展情况。

横线登记式明细分类账适用于需要进行逐笔对应反映的某些经济业务，如“材料采购”、“其他应收款”、“应收票据”等账户。现以“材料采购”账户为例，其样式如表6.14所示。

表 6.14　　材料采购明细账

材料名称:A 材料　　元

借方							贷方					余额
201×年		凭证号数	摘要	买价	采购费用	合计	201×年		凭证号数	摘要	金额	
月	日						月	日				
4	3	银付 3	购料	6 000	300	6 300	4	17	转 23	入库	6 300	
	7	转 12	购料,款未付	15 000	600	15 600		18	转 25	入库	15 600	
4	30	银付 76	购料	9 000	350	9 350						9 350
	30		本月合计	86 000	4 500	90 500				本月合计	70 300	20 200

四、备查账的设置和登记方法

备查账是一种辅助账簿,通过设置这种账簿,可以为单位的经济活动及经营管理的需要提供必要的补充资料。各企业应根据会计制度的规定,结合单位的实际管理需要设置备查账,如租入固定资产登记簿、受托加工材料登记簿等。备查账没有固定的格式,可由企业根据实际需要自选确定,与其他账簿之间也不存在严密的勾稽关系。为方便使用,备查账一般采用活页账。现以租入固定资产登记簿为例,其样式如表 6.15 所示。

表 6.15　　租入固定资产登记簿

名称及规格	租约	租出单位	租入日期	租金	使用部门		归还日期
					日期	单位	
备注							

项目三　对账

对账就是核对账目,一般是在会计期间(月份、季度、年度)终了时,检查和核对账证、账账、账实、账表是否相符,以确保账簿记录的正确性。会计人员在填制凭证、登记账簿等一系列工作中出现的差错,因管理不善而带来的财产管理中的各种问题及其他一些不利因素,都可能给账簿记录的真实性、正确性带来影响。为了保证账簿记录的真实、正确、可行,必须对账簿和账户所记录的有关数据加以检查和核对。

对账的主要内容包括账证核对、账账核对、账实核对和账表核对。

一、账证核对

账证核对是指核对会计账簿记录与原始凭证、记账凭证中所记录的时间、凭证字号、内容、金额是否一致,以及记账方向是否相符。这种核对主要是在日常编制凭证和记账过程中进行的。由于逐笔核对工作量较大,一般采用抽查核对的方法,如果发现差错,则应改为逐笔核对,直到找出差错原因为止。

二、账账核对

账账核对是指核对不同会计账簿之间的账簿记录是否相符。账账核对包括以下内容。

① 全部总分类账中的借方本期发生额合计数与贷方本期发生额合计数是否相符。

即问即答

为什么全部总分类账中的借方本期发生额合计数与贷方本期发生额合计数相符?

② 全部总分类账中的借方余额合计数与贷方余额合计数是否相符。

即问即答

为什么全部总分类账中的借方余额合计数与贷方余额合计数相符?

③ 总分类账余额与其所属全部明细账的余额合计数是否相符。

即问即答

平行登记的要点是什么?

④ “库存现金”、“银行存款”日记账的余额与“库存现金”、“银行存款”总分类账的余额是否相符。

⑤ 会计部门有关财产物资明细账余额与财产物资保管、使用部门的有关明细账是否相符。

三、账实核对

账实核对是指对各项财产物资、债权债务等账面余额与实有数额之间的核对。账实核对包括以下内容。

① “库存现金”日记账的账面余额与实际库存金额核对相符,并保证日清月结。

② “银行存款”日记账的账面余额与银行对账单核对相符,每月至少核对1次。

③ 各种财产物资明细账的结存数与实物数额核对相符。

④ 各项往来款项分类账的账面余额与对方单位的账面余额核对相符。

四、账表核对

账表核对是指会计账簿记录与会计报表有关内容的核对。通过账表核对，可检查验证会计账簿记录和会计报表数据是否正确无误，以确保会计资料的质量。

项目四　错账的查找与更正方法

一、错账原因

导致出现错账的原因是多种多样的，概括起来主要包括如下几种。

① 记账方向错误。在记账时，将账簿中借方与贷方的方向记载颠倒，把借方记成了贷方，或把贷方记成了借方。如果把应记红字的数字误记为蓝字，或者把应记蓝字的数字误记为红字，也属于记账方向错误。

② 漏记。在记账时，将某一凭证的金额数字遗漏，未记入账簿。

③ 重记。将已经登记入账的金额数字又重复记入账簿。

④ 记错科目。在记账时张冠李戴，如将“现金”记入“银行存款”科目。

⑤ 数字位数移位。在记账时，将数字位数移动，即以大写小（少写 1 个或几个 0）或以小写大（多写 1 个或几个 0）。例如，将 100 写成 10 或将 10 写成 100 等。

⑥ 数字位数颠倒。在记账时，将某一数字中相邻或不相邻的 2 位数字颠倒登记入账。例如，将 12 写成 21、123 写成 132、1 234 写成 1 432 等。

⑦ 结账时计算错误。结账时发生数字打错，余额记错，从而导致不符。

⑧ 其他不规则错误。

二、错账查找的方法

（一）顺查法

顺查法是指按照原来账务处理的顺序从头到尾进行普遍查找的方法。它主要用于期末对账簿进行的全面核对和不规则的错误查找。对于查过的账目，要在数字旁边打“√”或其他记号，以免重复查找。

（二）逆查法

逆查法是指与原来账务处理的顺序相反，从尾到头地进行检查的方法。如果认为错误可能出在当天最后几笔业务或当月最后几天的业务上，则按照这样倒过来的顺序查找，有时可以事半功倍。

(三)抽查法

抽查法是指抽取账簿记录当中的某些部分进行局部检查的方法。当发现账簿记录有差错时,出纳员可根据差错的具体情况从账簿中抽查部分内容,而不必核对全部内容。例如,如果差错数字只在角位、分位,或者只在整数百位、千位,就可以缩小查找范围,专门查看角位、分位或百位、千位的数字,对其他的数字不必一一检查。

(四)偶合法

除上述3种方法之外,在出纳错账的查找中,经常使用偶合法。所谓偶合法,是指根据账簿记录差错中最常见的规律,按差错的情况来推测差错原因,进而查找差错的一种查找方法。偶合法主要用来查找带有规律性原因造成的差错。

1. 差数法

如果推测可能是漏记、重记的差错,可用差数法,即根据核对不相符的两数的差额进行查找。例如,经查,日记账余额比总账余额少了300元,出纳员推断可能是漏记了一笔300元的凭证,则可以查找金额为300元的凭证;如多出了300元,出纳员推测属于重记,则同样可查找是否将金额为300元的凭证做了重复登记。

2. 除二法

如果推测可能是记反账户方向,则账簿中反映的错误差额必定是偶数。这时可用除二法,即用不相符的差数除以2,如被除尽,则根据商数从账簿记录中去查找差错。例如,发现现金少记了164元,出纳员推测可能是记反了方向,则将164除以2得出82,再从账簿记录中去找金额为82的账目进行核对即可。

3. 除九法

如果推测可能是由于数字位置颠倒或数字位数移位造成的差错,可用除九法,即用不相符的差数除以9,如被除尽,则根据商数,检查是否有相同数字移位,如果无相同数,则考虑是相邻2个数字颠倒。

(1) 数字移位的查找方法

数字移位是指记账时以小写大或以大写小。例如,将40元误记为400元,错位的差异数为360,使其原数扩大了9倍,将差数除9得出的40就是移位数。又如,将600元错记为60元,差数为540元,将差数除9得出的60就是移位数。计算出移位数后,就要分析:如果是账上多记,则要在凭证上查找是否有与移位数相同的数,并看其是否记错;如果是账上少记,则要在账上查找是否有与错位数相同的数,并看其是否记错。如果推测可能是由于移动了2位数字造成的差错,如将10写成了1 000或将1 000写成了10,可用九九除法,即以不相符的差数除以99,如能除尽,则再根据商数去查找。

(2) 数字颠倒的查找方法

例如,将8 362误记为8 632,则将其差数270除以9,得30,根据商数的首位是3,可判断出颠倒的2位数字之差是3。这样,在账簿记录中就可查找百位与十位之间的下列数字:1和4、2和5、3和6、4和7、5和8、6和9等,当发现账簿记录中出现上述组合之一时,核对其是否正确。以上为邻位颠倒的情况,实际工作中还有可能发生隔位颠倒,如将2 345写成

2 543 等，这种差错也有自身的查找规律。

三、错账更正的方法

错账更正就是对账簿中错误记录的更正。按《会计基础工作规范》的规定，错账更正不准使用涂改、挖补、刮擦或用药水消除字迹，不准重新抄写，而必须采用规定的更正方法，即划线更正法、红字更正法和补充登记法。

（一）划线更正法

划线更正法，是指用画线来更正错账的方法。这种方法适用于记账后结账前，发现账簿记录有错误，而记账凭证无错误，即纯属笔误造成登账时文字或数字出现错误的更正。

具体做法是：先将错误的文字或数字全部画一条红线予以注销；然后在画线上方用蓝字填写正确的记录；更正后经办人员应在画线的一端盖章，以明确责任。

在采用划线更正时应注意以下问题：画线时，如果是文字错误，可只画错误部分，如果是数字错误，应将全部数字画销，不得只画错误数字；画线时必须注意使原来的错误字迹仍可辨认；画线必须用红线，而填写数字和文字则用蓝字。

例 6－1　记账人员在过账时将 5 424 错记为 5 425，但记账凭证无误，应做如下更正。

5 424

~~5 425~~（盖章）

如果是应记 B 科目借方而误记入 A 科目借方 400，则应在 A 科目的借方画线注销，另在 B 科目的借方登记 400；如果是记错方向，应记入借方 200 而误记入贷方 200，则在贷方画线注销，另用蓝字在借方登记 200。上述更正处都应加盖记账员的印章，以明确责任。

（二）红字更正法

红字更正法是用红字冲销或冲减原记录数，以更正或调整账簿差错记录的一种方法。这种方法适应于记账后发现由于记账凭证错误而导致记账错误的情况。红字记录表示对原记录的冲减。

例如，记账依据的记账凭证中应借和应贷的方向、科目或金额有错误，导致账簿记录错误。对此，具体更正操作方法是：首先用红字填写一张与原凭证相同的记账凭证，在“摘要”栏中注明“注销××凭证”，并用红字金额登记入账，以冲销原来的账簿记录，然后再用蓝字填写一张正确的会计凭证，并据此登记入账。使用红字冲销法是为了正确反映账簿中的发生额和科目对应关系。

例 6－2　张芳出差，借差旅费 4 000 元，开出现金支票支付。记账时，本应贷记“银行存款”科目，却误记“现金”科目，并已登记入账。其更正方法如下。

1）用红字金额填制一张与原错误分录相同的记账凭证，会计分录如下。

借:其他应收款——张芳 4 000(红字)

贷:现金 4 000(红字)

2)用蓝字填制一张正确的记账凭证,会计分录如下。

借:其他应收款——张芳 4 000(蓝字)

贷:银行存款 4 000(蓝字)

在编制2笔记账凭证后,再将其分别按红、蓝字登记入账。

有时,如果根据记账凭证分别记入的有关科目并无错误,但所填的金额大于应填的金额,也可按照正确数字与错误数字的差额用红字金额填制一张记账凭证,再据此登记入账,以冲销多记金额,并在账簿的"摘要"栏注明"注销×年×月×号凭证多记金额"。

例6-3 某企业销售产品一批,收到购货方开出并承兑的商业汇票2 500元。如果不考虑税金,在填制记账凭证时,将金额2 500元误记为25 000元,多记了22 500元,并已入账。其误记会计分录如下。

借:应收票据 25 000

贷:主营业务收入 25 000

为了更正有关账户多记的22 500元,应用红字金额填制一张记账凭证。其分录如下。

借:应收票据 22 500(红字)

贷:主营业务收入 22 500(红字)

根据此记账凭证登记入账后,"应收票据"和"主营业务收入"2个科目原来的错误记录都得到了更正。

(三)补充登记法

补充登记法是指用补记差额来更正账簿记录错误的一种方法。它主要适用于作为记账依据的会计凭证金额有错误,并且错误金额小于应记的金额,导致账簿记录金额少记,而且会计科目及记账方向均无错误的情况。

具体做法是:填写一张记账凭证,其会计科目和借贷方向与原始记账凭证一致,但金额为少记金额,并在"摘要"栏中注明"补记××号记账凭证少记的金额",并据此记账。

例6-4 企业收到某购货单位偿还的前欠货款5 400元,存入银行。在填制记账凭证时,将金额误记为4 500元,少记了900元,并已登记入账。更正时,应将少记的900元用蓝字填制一张记账凭证,并登记入账。其误记会计分录如下。

借:银行存款 4 500

贷:应收账款 4 500

其补充更正的会计分录如下。

借:银行存款 900

贷:应收账款 900

根据此记账凭证登记入账后,"银行存款"和"应收账款"2个科目原来的错误都得到了更正。

项目五 结 账

结账，就是把一定时期内应记入账簿的经济业务全部登记入账后，计算并记录本期发生额及期末余额，据此编制会计报表，并将余额结转下期或新的账簿。

一、结账的程序

1）将本期发生的经济业务事项全部登记入账。如果有错账，应及时更正，既不能提前结账，也不能将本期发生的经济业务推至下期登账。

2）清理债权、债务，该索要的要及时索要，该偿还的要及时偿还。

3）已经生产完成的产品、半成品要及时结转数量、成本。

4）通过财产清查而发现的财产物资的盘盈、盘亏，应及时按照规定转账。

5）根据权责发生制的原则，将应当归属于本期的收益、费用和应该摊销或预提的费用，进行整理、计算、入账。

6）将损益类账户转入有关科目，结平所有损益类账户。

7）结算出资产、负债和所有者权益账户的本期发生额和余额，并结转下期。

二、结账的方法

① 对于不需要按月结计本期发生额的账户，如各项应收款明细账和各项财产物资明细账等，每次记账以后，都要随时结出余额，每月最后一笔余额即为月末余额。也就是说，月末余额就是本月最后一笔经济业务记录的同一行内的余额。月末结账时，只需要在最后一笔经济业务记录之下通栏画一单红线即可，不需要再结计一次余额。

② 库存现金、银行存款日记账和需要按月结计发生额的收入、费用等明细账，每月结账时，要在最后一笔经济业务记录下面画一单红线，结出本月的发生额和余额，并在"摘要"栏内注明"本月合计"字样，在下面通栏画一条单红线。

③ 需要结计本年累计发生额的某些明细账户，如产品销售收入、成本明细账等，每月结账时，应在"本月合计"行下结计自年初起至本月末止的累计发生额，登记在月份发生额下面，在"摘要"栏内注明"本年累计"字样，并在下面通栏画一单红线。12月末的"本年累计"就是全年累计发生额，在全年累计发生额下通栏画双红线。

④ 总账账户平时只需结计月末余额。年终结账时，为了反映全年各项资产、负债及所有者权益增减变动的全貌，便于核对账目，要将所有总账账户结计全年发生额和年末余额，在"摘要"栏内注明"本年合计"字样，并在合计数下通栏画双红线。

⑤ 需要结计本月发生额的某些账户，如果本月只发生一笔经济业务，由于这项记录的金额就是本月发生额，结账时，只要在此行记录下通栏画一单红线，表示与下月的发生额分开就可以了，不需另结出"本月合计"数。

⑥ 年度结账时，要将各账户结平，并将各账户的余额结转到下年度新开的账户中去，即

结出全年的发生额和年末余额，然后将年末余额转入下年的新账内。余额结转下年时，不需要编制记账凭证，使本年有余额账户的余额为0，只需要在“摘要”栏内注明“结转下年”字样即可，然后在“结转下年”行下画两条通栏红线，封账。在下一年新账的新一页第一行的“摘要”栏内写上“上年转来”或“上年结转”，然后在“余额”栏内写上余额。

年度结账后，总分类账和日记应更换新账，明细账一般也应更换，但有些明细账可以跨年度使用，如固定资产明细账等。凡是跨年度连续使用的账簿，直接在上年终了的双红线下记账即可。

项目六　会计账簿的更换与保管

一、会计账簿的更换

会计账簿是记录和反映经济业务的重要历史资料和证据。为了使每个会计年度的账簿资料明晰和便于保管，一般来说，总账、日记账和多数明细账要每年更换一次，这些账簿在每年的年终按规定办理完结账手续后，就应更换、启用新的账簿，并将余额结转记入新账簿中。但有些财产物资明细账和债权、债务明细账，由于材料等财产物资的品种、规格繁多，债权、债务单位也较多，如果更换新账，重抄一遍的工作量相当大，因此，此类明细账可以跨年度使用，不必每年更换一次。卡片式账簿，如固定资产卡片，以及各种备查账簿，也都可以连续使用。

二、会计账簿的保管

会计账簿同会计凭证和财务报表一样，都属于会计档案，是重要的经济档案，各单位必须按规定妥善保管，确保其安全与完整，并对其充分加以利用。

（一）会计账簿的装订整理

在年度终了更换新账簿后，应将使用过的各种账簿（跨年度使用的账簿除外）按时装订整理立卷。

① 装订前，首先要按账簿启用和经管人员一览表的使用页数核对各个账户是否相符，账页数是否齐全，序号排列是否连续；然后按会计账簿封面、账簿启用及接交表、账户目录、该账簿按页数顺序排列的账页、封底的顺序装订。

② 对活页账簿，要保留已使用过的账页，将账页数填写齐全，除去空白页并撤掉账夹，用质地好的牛皮纸做封面和封底，装订成册。多栏式、三栏式、数量金额式等活页账不得混装，应按同类业务、同类账页装订在一起。装订好后，应在封面上填明账簿的种类、编号、卷号，并由会计主管人员和装订人员签章。

③ 装订后，会计账簿的封口要严密，封口处要加盖有关印章。封面要齐全、平整，并注明所属年度和账簿名称及编号，不得有折角、缺角、错页、掉页、加空白纸的现象。会计账簿

要按保管期限分别编制卷号。

（二）按期移交档案部门进行保管

年度结账后，更换下来的账簿，可暂由本单位财务会计部门保管1年，期满后原则上应由财务会计部门移交本单位档案部门保管。移交时需要编制移交清册，填写交接清单。交接人员按移交清册和交接清单上的项目核查无误后签章，并在账簿使用日期栏内填写移交日期。

已归档的会计账簿作为会计档案为本单位利用，原件不得借出，如有特殊需要，需经上级主管单位或本单位领导、会计主管人员批准，在不拆散原卷册的前提下，可以提供查阅或复制，并要办理登记手续。

会计账簿是重要的会计档案之一，必须严格按《会计档案管理办法》规定的保管年限妥善保管，不得丢失和任意销毁。通常总账（包括日记总账）和明细账的保管期限为15年；日记账的保管期限为15年，但现金和银行存款日记账的保管期限为25年；固定资产卡片账在固定资产报废清理后保管5年；辅助账簿的保管期限为15年。在实际工作中，各单位可以根据实际利用的经验、规律和特点，适当延长有关会计档案的保管期限，但必须有较为充分的理由。在保管期满后，要按规定的审批程序报批后，再行销毁。

本单元小结

1. 会计账簿是指由具有一定格式且相互联系的账页组成的，以通过审核的会计凭证为依据，全面、系统、连续地记录各项经济业务的簿籍。为了把分散在各会计凭证中的大量核算资料加以集中归类反映，为经营管理提供系统、完整的核算资料，并为编制财务报表提供依据，就必须设置和登记账簿。设置和登记账簿是会计核算的专门方法之一。

2. 会计账簿根据不同的标准有不同的分类。按其用途不同，可分为序时账簿、分类账簿和备查账簿等；按其外形特征不同，可以分为订本式账簿、活页式账簿和卡片式账簿；按其账页的格式不同，可以分为两栏式账簿、三栏式账簿、多栏式账簿、数量金额式账簿和横线登记式账簿。企业应根据经济管理核算的需要对各会计项目选择一定的会计账簿进行核算。例如，总分类账是按照总分类账户分类登记全部经济业务的账簿，一般采用三栏式的订本账；明细分类账是按照明细分类账户详细记录某一经济业务的账簿。根据实际需要，一般存货类各种明细账选择数量金额式活页账簿，成本费用类明细账选择借方多栏式活页账簿，往来款项明细账选择三栏式活页账簿。

3. 每个企业必须设置的账簿是库存现金日记账、银行存款日记账、总分类账和明细分类账，而它们的登记方法各不相同，企业必须能够准确、及时地进行会计账簿的登记工作。每个企业在会计期末，首先应做好对账及错账更账工作，在确保账证、账账、账实相符的前提下，在每一个会计期末定期进行结账。

4. 会计账簿是重要的会计档案，各企业必须按照制度的有关规定妥善保管会计账簿。在保管期满后，要按规定的审批程序报批后再行销毁。

第七单元

组织和开展财产清查

学习目标

- 了解财产清查的意义、种类和一般程序。
- 掌握各类财产清查的具体方法和银行存款余额调节表的编制方法。
- 能够运用“待处理财产损溢”账户进行财产清查的账务处理。

引导案例

时光飞快，一转眼，小王在海天股份有限公司工作已经快满 1 年了。在这 1 年的时间里，他学到了很多书本上没有的知识，也很快融入到了自己的工作中。可是，他发现年底这段时间，公司的财务部门、财产物资保管部门等都很忙碌，除了处理日常业务外，还经常有相关人员到仓库里对公司的原材料、半成品、产成品等实物资产进行清查盘点。这些人拿着各种表册、单据、工具，对这些实物逐一点数或用计量仪器来测算，然后有专人进行记录。小王发现，他们记录的主要是这些实物资产的编号、名称、规格、计量单位、数量、单价、金额等。小王问同事，这些人为什么不嫌麻烦。同事告诉他，这是公司在进行财产清查工作，财务清查是公司会计工作的一个重要环节，主要是为了保证财产物资的账面数与实际数相符；而且前两天公司副总经理辞职了，又赶上年底，所以要进行全面的清查。小王心想：“经理辞职跟清查财产还有关系呀？要是查出来有的财产物资丢失了，该怎么办呢？是不是都由保管人员赔偿呢？”带着疑问，他来到了会计科领工资条，正好看到会计张某拿着工商银行送来的单据与账本进行核对，还嘀咕着说：“这个月又有几笔未达账项，还得调啊！”小王不明白未达账项是什么意思，也不知道张会计要调什么。正当他疑惑不解的时候，另一位会计李某说：“老张，星海公司把回单寄来了，他们确实还有 60 000 元的货款未付。”小王很纳闷，这么简单的事情打个电话问一声不就行了吗，还寄来寄去的多麻烦！于是，他领完工资条，带着一肚子的疑问离开了会计科。

小王在公司见到的上述情形属于会计核算的哪个环节？为什么年底要进行全面的清查？对实物资产都有哪些清查方法？未达账项是如何形成的？会计上应如何处理？对于企业的各种往来款项是如何清查的？通过本单元的学习，我们将逐步解决这些问题。

项目一　财产清查的意义、种类和一般程序

财产清查是指通过对货币资金、实物资产和往来款项进行盘点或核对，确定其实际结存数，查明实际结存数与账面结存数是否相符的一种专门方法。

保证会计信息资料的真实性是对会计核算最重要的质量要求，只有真实的会计信息才能起到应有的作用。在实际工作中，仅通过加强对会计凭证的日常审核，定期进行账证和账账核对，并不能保证各项财产物资的账面结存数和实际结存数完全相符。造成不符的原因是多方面的，有时是由于工作上的差错，有时是由于外界原因。一般说来，造成账实不符的原因主要有以下几个方面。

① 在财产物资的收发过程中，由于计量、检验器具不准确而造成品种、数量或质量上的差错。

② 各种财产物资在运输、保管过程中，发生自然损耗。

③ 在财产物资发生增减变动时，会计人员没有及时填制凭证并登记入账，或是计算、登记时出现漏记、重记、多记、少记等错账现象。

④ 由于规章制度不健全、管理不善或工作人员失职造成财产损坏、变质或短缺。

⑤ 因不法分子贪污盗窃、营私舞弊而发生的财产损失。

⑥ 在结算过程中，由于未达账项或拒付等引起的账账、账实不符等。

⑦ 自然灾害造成的财产损失。

⑧ 其他原因造成的财产损失或升溢。

上述几种原因都可能使财产物资和债权债务等出现账实不符的情况，因此，必须在账簿记录的基础上，采用财产清查的方法，对各项财产物资和债权债务进行定期或不定期的盘点和核对，做到账实相符，以保证会计信息的客观真实性。

提醒

企业的资产不是账簿上的数字，因此，对资产要定期盘查，以保证资产的完整，并确定资产的价值。

一、财产清查的意义

财产清查是会计工作的一个重要环节，它对于加强企业管理、正确组织会计核算、改善经营管理、维护财经纪律、充分发挥会计的监督职能都具有重要意义。

（一）通过财产清查，保证会计资料的真实性

通过财产清查，可以查明各项财产物资的实存数，并与其账存数相核对，确定财产实存数与账存数的差异，以及查清账实不符的原因和责任，以便及时调整账面数字，做到账实相符，从而保证会计核算资料的真实性，为编制会计报表提供可靠且真实的资料。

（二）通过财产清查，保护财产的安全和完整

通过财产清查，可以查明财产物资的保管和使用情况，有无因管理不善造成损坏丢失、霉烂变质等，有无因制度不健全造成的非法挪用、贪污盗窃等情况，以便针对存在的问题，采取相应措施，改善管理，建立健全各项管理制度，加强经济责任制，保护企业财产物资的安全与完整。

（三）通过财产清查，保证财经纪律和结算制度的贯彻执行

通过财产清查，可以查明现金的使用是否符合《现金管理暂行条例》的规定，银行存款的结算是否符合《支付结算办法》的规定，明确企业所拥有的债权和承担的债务是否正常，以便及时发现问题、采取措施，从而使会计人员更加自觉地遵纪守法，自觉维护和遵守财经纪律。

（四）通过财产清查，挖掘财产物资的潜力，提高资金使用效率

通过财产清查，可以查明财产物资的储备和利用情况，看有无短缺或储备不足、闲置不用或滞销积压等情况；还可以查明各种款项的结算情况，如有无未达账项、长期拖欠或拒付款项等。从而为经济管理提供信息资料，为充分挖掘财产物资的使用潜力、加速资金周转、提高经济效益、加强经济管理提供依据。

（五）通过财产清查，促进改善经营管理，健全内部会计控制

通过财产清查所发现的问题，可以检查有关财产物资的收入、发出、保管、调拨、报废及现金出纳账款结算等手续制度的贯彻执行情况，以便及时分析原因，改进管理方法，建立健全相关的内部会计控制制度，提高管理水平。

二、财产清产的种类

（一）按照财产清查的对象和范围不同，可以分为全面清查和局部清查

1. 全面清查

全面清查是指对企业所有的货币资金、实物资产和债权债务进行全面彻底的清查、盘点和核对。以企业为例，全面清查的对象一般包括以下各项。

① 固定资产、原材料、在产品、半成品、产成品、库存商品、在建工程和其他物资。

② 现金、银行存款及各种有价证券。

③ 在途货币资金、在途材料、在途商品、委托加工物资。

④ 各项往来款项、银行借款、交拨款项和其他结算账项。

通过全面清查，可以对企业所拥有的各项财产物资进行全面清点、鉴定和估价，从而摸清家底，有利于加强经济核算，优化资金占用，挖掘物资潜力，提高经济效益。但由于全面清查的内容多，参加的人员也多，因此一般只在以下情况中进行。

① 年终决算之前，为确保年终决算会计信息的真实和准确，需要进行一次全部清查。

② 单位合并、撤销、改变原来隶属关系或采取新的经营方式时，需要进行全面清查，以

明确经济责任。

③ 开展资产评估、清产核资等活动时，需要进行全面清查。

④ 中外合资、国内联营及进行股份制改制时，需要进行全面清查。

⑤ 单位主要负责人调离工作时，需要进行全面清查。

2. 局部清查

局部清查是指根据管理的需要或依据有关规定，对企业的部分财产物资和债权债务进行盘点和核对。通过局部清查，可以做到对重要物资、货币资金进行重点管理，对流动性大的物资进行经常管理，以确保企业财产的安全完整。局部清查内容少，涉及范围小，时间短，参加的人员也不多，但专业性强。因此，可对各种财产物资按其不同性质或不同保管地点分别进行局部的、经常性的清查，具体包括以下几种。

① 对于流动性较大的物资，如原材料、在产品、产成品等，除了年度清查外，年内还要轮流盘点或重复抽查。

② 对于各种贵重物资，每月都应清查盘点一次。

③ 对于现金，每日终了时，应由出纳人员自行盘点。

④ 对于银行存款和银行借款，每月要同银行核对一次。

⑤ 对于债权债务，每年至少要核对一二次。

（二）按财产清查的时间不同，可分为定期清查和不定期清查

1. 定期清查

定期清查是指根据管理制度的规定或事先计划安排的时间对财产物资、债权债务所进行的财产清查。定期清查的目的在于保证会计核算的真实、准确。这种清查一般是在年末、季末或月末结账时进行的。例如，在年末按规定进行的清查，可以在编制报表前发现账实不符的情况，并据此调整有关账簿记录，使账实相符，从而保证会计报表资料的真实性。定期清查可以是全面清查，也可以是局部清查。

2. 不定期清查

不定期清查也称临时清查，是指事先并无计划安排，而是根据偶发事件或实际需要而临时进行的财产清查。不定期清查一般是局部清查。不定期清查通常在以下几种情况下进行。

① 更换财产物资的保管人员和出纳人员时，对其所保管的财产物资和现金进行清查，以分清经济责任。

② 发生非常灾害和意外损失时，对受灾和损失的有关财产进行清查，以查明损失情况。

③ 进行临时性的清产核资、资产评估、企业并购、资产重组及改变隶属关系时，对本单位的财产物资进行清查，以摸清家底。

④ 上级主管部门、财政、税务、银行及审计等部门，对本单位进行临时检查时，应按检查的要求和范围进行清查，以确保会计资料的真实性。

三、财产清查的一般程序

财产清查是一项涉及面广、工作量大、既复杂又细致的工作。企业的财产清查工作不仅

是会计部门的一项重要工作，而且还涉及财产物资保管部门、生产部门、其他各职能部门及个人的管理职责。为了保证财产清查的质量，达到财产清查的目的，各有关部门应该主动、积极地配合，并按科学合理的程序进行财产清查。

① 建立财产清查组织或组织清查人员。进行财产清查时，应根据财产清查的目的、种类、对象和范围，建立相应的清查组织或指定清查人员，负责财产清查的组织和实施。在进行全部清查时，因为清查范围大，涉及的部门多，工作量大，在企业中必须建立由本单位领导人员牵头，并由会计部门及与清查内容相关的各职能部门参加的清查组织。单位领导人员负责解决清查中的各种问题，各职能科室人员负责具体的清查工作。进行局部清查时，根据清查内容指定专人参加并负责清查过程的全部工作。

② 组织清查人员学习有关政策规定，掌握有关法律、法规和相关业务知识，以提高财产清查工作的质量。

③ 确定清查对象、范围，明确清查任务。

④ 制订清查方案，具体安排清查内容、时间、步骤、方法，做好必要的清查前准备。

- 账簿记录准备。有关财务会计人员应该在财产清查前，把发生的各项经济业务全部登记入账，将有关账目结算清楚，并进行账簿记录与凭证记录、总账与明细账之间的核对，做到账证相符、账账相符，为清查工作提供可靠的会计数据资料。银行存款和往来款项等也应在清查前准备好对账单。
- 实物整理准备。财产物资的保管部门和有关人员应在清查日前，将发生的各项财产物资的收发业务填好凭证手续，登记入账，结出余额，并将准备清查的各项财产物资整理清楚，按类别摆放整齐，标明编号、品种、规格及结存数量，以便进行实地盘点清查。
- 计量工具的准备。清查前应准备好各种必要的计量器具，并校对准确。清查人员要准备好清查盘点所需要的表册、单据、文具等，以便清查时使用。
- 准备好有关清查的各种表册和记录用具，以便清查登记。

⑤ 财产清查的重要环节是盘点财产物资的实存数量。为明确责任，在财产清查的过程中，应本着先清查数量、核对有关账簿记录等、后认定质量的原则进行。

⑥ 清查人员要做好盘存记录，在盘存单中详细说明财产物资的编号、名称、规格、计量单位、数量、单价、金额等，并由盘点人员和实物保管人员共同签字盖章。对于不能进行盘点清查的财务，清查人员要做好核对或查询工作。

⑦ 根据盘存清单，填制实物、往来账项清查结果报告表。

⑧ 编写清查报告。

即问即答

如果将你家比喻为一个企业，那么，多长时间进行一次财产清查？你能拟定一个具体的清查程序吗？

项目二　财产清查的方法

企业单位的财产物资种类繁多,作用不同,在清查中应视财产种类的不同而分别采用不同的方法。

一、货币资金的清查方法

货币资金包括库存现金和各种银行存款。清查货币资金时,要求收、付、存都应符合制度规定。

(一) 库存现金的清查

库存现金的清查主要是采用实地盘点的方法进行的。它是通过对库存现金盘点实有数与现金日记账的账面结存余额进行核对,以查明账实是否相符。库存现金清查包括以下2种情况。

① 由出纳人员在每日业务结束时自行清点库存现金实有数,并与现金日记账的账面余额相核对。

② 由于现金的收支业务十分频繁,容易出错,只采用上述的日常清查方法不够严密,因此在实际工作中,还应由清查小组对库存现金进行定期或不定期清查。

盘点现金时,为了明确责任,应由清查人员会同现金出纳人员共同负责盘点。在清查过程中,清查人员要认真审核现金收、付款凭证和有关账簿,检查账务处理是否合理、合法,记录有无错误,从而确定账存数与实存数是否相符;还要特别注意是否有以借条、白条抵充现金或超过库存现金限额等违反现金管理制度的情况,防止挪用公款等舞弊行为的发生。如果发现这些情况,应即予纠正。现金盘点结束后,应根据盘点的结果及与现金日记账核对的情况编制库存现金盘点报告表,并由负责盘点的人员和出纳人员共同签字或盖章。库存现金盘点报告表既是反映现金实存额、用于调整账簿记录的原始凭证,也是分析账实发生差异的原因、明确经济责任的重要依据。库存现金盘点报告表兼有盘存单和实存账存对比表的作用,其一般样式如表7.1所示。

表7.1　　　　库存现金盘点报告表

单位名称:　　　　　　　　年　　月　　日

币　种	实存金额	账存金额	实存与账存对比结果		备　注
			盘　盈	盘　亏	
主币 辅币 ……					
合　计					

盘点人(签章)　　　　　　　　　　　　出纳员(签章)

说明

现金盘点出现实际金额大于账面金额的叫“长款”,实际金额小于账面金额的叫“短款”。

清查库存现金时,还应清查有价证券(如国库券、公司债券等),清查方法与库存现金的清查方法相同。另外,还应检查有关印鉴、支票等的保管工作。

(二) 银行存款的清查

银行存款清查也称银行对账,银行存款清查是采用银行存款日记账与开户银行核对账目的方法进行的,即将银行对账单上银行存款的发生额和余额与本单位银行存款日记账上的账面发生额及余额逐笔核对,以查明账实是否相符。

在同银行核对账目以前,首先要详细检查企业银行存款账目的正确性和完整性,做到账证相符、账账相符;其次,清查时既要核对金额数,又要核对银行结算凭证的种类,避免因金额相同但结算凭证不同而发生对账上的差错;最后,核对过的金额应在数字旁边做出标记,以免漏对或重对。

银行对账的工作通常在月末,由会计人员将银行存款的账面余额与开户银行转来的对账单的余额核对一次。如果由清查人员进行清查,则事前要取得银行存款的对账单,并把本单位银行存款的账面余额结清,再将二者逐笔相核对,查明账实是否相符及其存在差异的原因。在实际工作中,由于银行存款的日常收付业务频繁,因此银行对账单与本单位银行存款日记账的余额往往是不相符的。造成不相符的原因主要有2个方面。一是双方或一方记账出现了差错,如错记、漏记、重记或串户等,属于银行对账单的差错,由银行检查更正;属于企业的差错,由企业及时更正。二是在银行和企业双方的日记账均无差错的情况下,未达账项的存在造成双方银行存款余额不一致。

所谓未达账项是指企业和银行双方在凭证传递的过程中,由于凭证接收时间的差异造成记账时间不一致,从而发生一方已经入账、另一方尚未入账的事项。企业与银行之间的未达账项主要有以下4种情况。

① 企业已收款入账,而银行尚未收款入账的款项。例如,企业收到外单位的转账支票,送存银行,对账前银行尚未入账的款项。

② 企业已付款入账,而银行尚未付款入账的款项。例如,企业开出转账支票后,企业登记银行存款减少,而持票人尚未到银行办理转账。

③ 银行已收款入账,而企业尚未收款入账的款项。例如,企业委托银行收到的货款,银行已登记入账,企业尚未收到银行的通知而未入账。

④ 银行已付款入账,而企业尚未付款入账的款项。例如,企业委托银行代付的水电费,银行已付款入账,而企业尚未收到银行的通知还未入账。

以上任何一种情况的存在,都将导致企业银行存款余额与银行对账单余额不一致。因此,在清查中,除了对发现的错误要按规定的程序更正外,对于发现的未达账项也要通过编制银行存款余额调节表来检验调整后的账面余额是否相等。

编制银行存款余额调节表的依据是银行对账单上的银行存款余额与企业银行存款日记

账的账面余额及未达账项之间的关系。在消除未达账项的影响后,双方银行存款的余额应该相等。

其调节公式为:

企业银行存款日记账余额 + 银行已收企业未收款项 − 银行已付企业未付款项 = 银行对账单余额 + 企业已收银行未收款项 − 企业已付银行未付款项

例 7-1 假设某企业的银行存款日记账的月末余额为 75 000 元,银行对账单的余额为 73 900 元,经逐笔核对,发现了以下几笔未达账项。

① 银行已记增加而企业未记增加的款项 1 000 元。

② 银行已记减少而企业未记减少的款项 9 400 元。

③ 企业已记增加而银行未记增加的款项 2 000 元。

④ 企业已记减少而银行未记减少的款项 9 300 元。

根据这些未达账项调节双方的账面余额,可以编制银行存款余额调节表,如表 7.2 所示。

表 7.2　　银行存款余额调节表

存款种类:结算户存款　　201×年×月30日　　元

项　目	金额	项　目	金额
企业银行存款日记账的账面余额	75 000	银行对账单的存款余额	73 900
加:银行已收企业未收的款项	1 000	加:企业已收银行未收款项	2 000
减:银行已付企业未付的款项	9 400	减:企业已付银行未付款项	9 300
调节后的存款余额	66 600	调节后的存款余额	66 600

需要指出的是,编制银行存款余额调节表并不需要更改账簿记录,对于未达账项也并不需要立即做账务处理。银行存款余额调节表只是起着对账的作用,不能作为会计核算的原始凭证,而通常将其作为清查资料与银行对账单一并附在当月银行存款日记账后保存。但是对于长期悬置的未达账项,应尽可能查阅凭证、账簿及有关资料,及时查明原因,并与开户银行取得联系,协商解决。

二、实物的清查方法

实物资产是指具有实物形态的各种资产,包括固定资产、原材料、委托加工材料、在产品、半成品、产成品等。

实物资产的清查就是通过确定实物资产的实存数(包括数量和金额)与账存数(包括数量和金额),并将二者进行核对,据此查明其实存数与账存数是否相符的一种专门方法。企业应当定期清查或至少每年实地盘点一次,并且应从数量和质量 2 个方面进行清查,以核定实物资产的实际价值。针对财产物资品种规格多、数量大、储备状态复杂、计量单位不统一、价值大小不均匀等特点,在清查中,一方面,要分清轻重缓急,合理分配时间;另一方面,对不同的清查对象应选择不同的清查方法。实物资产的清查方法通常有以下几种。

（一）实地盘点法

实地盘点法是指在财产物资的存放现场，逐一清点数量或用计量仪器确定其实存数量的一种方法。采用这种方法得出的数字准确、可靠，但工作量较大，适用于机器设备、原材料、包装物、产成品和库存商品等能够逐一清点的实物资产。

盘点固定资产时，对于生产用房、非生产用房、其他建筑物等要逐一清查，对简易用房要按固定资产标准检查是否符合条件；对于机器设备、运输设备、传导设备、电力设备等要逐一检查，并注意有无内部转移实物而会计账簿未反映、设备不完好、生产设备报废遗弃未办手续，以及不符合固定资产标准等问题。在实物盘点时，应查清实际情况，以便提供准确的实际资料。

盘点材料时，应按照材料类别逐一盘点。对包装完整的材料，可根据有关凭证和包装上所标明的数量进行核对；对零散的材料，可采用过数、计量、过磅、度量等方式确定其数量。清查时要注意材料的数量和质量，检查有无名不符实、霉烂变质、品种串号等问题。

清查产成品、半成品、在产品时，除注意其数量外，还要注意其配套性、完工程度等问题。

即问即答

在对企业各项实物资产进行实地盘点时，盘点的结果能否用于核对账实是否相符？还是只能将其作为检查财产物资账面增减的一个依据？

（二）技术推算法

技术推算法是指对那些大量成堆、难以逐一点清的物品，按照一定的标准或数学方法推算出其实存数量的一种方法。例如，清点煤炭、散装的化肥、饲料、皮棉等，可以先测算其总体积，再测算其单位重量和单位体积，最后再换算成总重量。

为了明确经济责任和便于查询，进行财产清查时，有关实物财产的保管人员必须在场，并参加盘点工作。对各种财产的盘点结果，应如实、准确地登记在盘存单中，并由盘点人员和实物保管人员共同签字或盖章，方能生效。盘存单是记录实物盘点后财产物资实存数的原始凭证，也是反映盘点结果的书面证明文件。其一般样式如表7.3所示。

表7.3　　财产物资清查盘存单

单位名称：　　　　盘点时间：

财产类别：　　　　存放地点：　　　　编号：

编　号	名　称	规格型号	计量单位	实存数量	单　价	金　额	备　注

盘点人员签章：　　　　实物保管人员签章：

盘存单内的实物编号、计量单位和单价，应与账簿记录相同，同时应注明所采用的清查方法，以便在处理清查结果时参考。盘存单一般为一式三联：一联由盘点人员留存备查，一联交实物保管人员保存，一联交财会部门与账簿记录进行核对。

为了进一步查明盘点的实际结存数与账面结存数是否一致,财会部门要根据盘存单所列示的各种财产物资的盘点实存数和会计账簿的账面结存数,编制实存账存对比表。它是调整账簿记录的原始凭证,也是分析账实差异原因、查明责任,并提出处理意见的依据。其一般样式如表7.4所示。

表7.4 实存账存对比表

单位名称: 年 月 日

序号	名称	规格	计量单位	单价	实存		账存		盘盈		盘亏		备注
					数量	金额	数量	金额	数量	金额	数量	金额	

三、往来款项的清查方法

往来款项的清查是指对各项应收、应付、预收、预付、其他应收和其他应付款项的清查。企业与外部各单位的各种往来款项,一般是通过采用发函询证的方式与对方单位核对账目来进行的。首先,应将本单位的往来账目核对清楚,确认准确无误后,再向对方单位填发对账单。对账单应按明细账逐笔抄列一式二联,其中一联作为回单,对方单位如核对相符,应在回单上盖章后退回;如发现数字不符,应将不符情况在回单上注明或另抄对账单退回,作为进一步核实的依据。在收到对方回单后,应填制往来款项清查表。往来款项清查表的样式如表7.5所示。

表7.5 往来款项清查表

总分类账户名称: 年 月 日

明细分类账户		清查结果		核对不符原因分析			备注
名称	账面余额	核对相符金额	核对不符金额	有争议款项金额	未达账项金额	其他	

往来款项对账单的样式如下。

往来款项对账单(询证函)

____________________单位:

你单位2013年12月10日到我单位购入A产品2 000件,已付货款100 000元,尚有60 000元货款未付,请核对后将回单联寄回。

清查单位:(签章)

2014年2月26日

沿此虚线裁开,将以下回单联寄回!

往来款项对账单(回联)

____________________单位:(签章)

你单位寄来的往来款项对账单已收到,经核对相符无误。

××单位:(签章)

2014年2月26日

通过对往来款项的清查,应将清查的结果编制往来款项清查报告表,填入各项债权债务的余额。往来款项清查报告表的一般样式如表7.6所示。

表7.6 **往来款项清查报告表**

总分类账户		明细分类账户		清查结果		核对不符及原因					备注
名称	金额	名称	金额	核对相符金额	核对不符金额	核对不符单位	未达账项金额	争执款项金额	无法收回款项金额	其他	

记账人员签章: 清查人员签章:

对该收回的账款要及时催收,该偿付的账款应及时偿还,对呆账和悬账也应及时进行研究处理。

项目三 财产清查结果的处理

一、财产清查结果处理的工作内容

财产清查的结果不外乎3种情况:一是账存数与实存数相符;二是账存数大于实存数,即盘亏;三是账存数小于实存数,即盘盈。除第1种情况外,对于财产清查中出现的盘盈、盘亏,原则上都必须以国家有关法律、法规和制度为依据,按照有关程序,严肃认真地予以处理。

如实反映、妥善处理在财产清查中发现的管理和核算中存在的各种问题,是财产清查的重要环节,也是能否发挥财产清查作用的关键。因此,应认真做好对财产清查结果的处理工作。其工作内容主要包括以下4个方面。

(一) 认真分析产生差异的原因和性质,提出处理意见

对于在财产清查中发现的各种盘盈、盘亏及质量问题,应核准数字,调查分析发生盘盈、盘亏的性质,认真查明发生的原因,明确经济责任,提出处理意见,按照审批条件和程序报请批准后予以处理。

(二) 积极处理多余积压财产,清理往来款项

对于清查中发现的积压、滞销或不需要的物资,报请批准后应积极处理,除安排在企业内部使用外,其余物质应积极组织调拨和销售;对于长期拖欠的及有争议的往来款项,都应指定专人负责查明原因,主动与对方单位协商解决。

(三) 总结经验教训,建立健全各项管理制度

财产清查不仅要查明财产物资的实有数,对盘盈、盘亏做出妥善处理,而且要促进企业内部改善对财产物资的管理。对于在清查过程中发现的账实不符的情况,应在彻底查明问题性质和原因的基础上,认真总结财产管理的经验教训,制定改进工作的具体措施,建立健全财产物资管理制度,进一步落实财产管理责任制,提高经营管理水平,保护企业财产物资的安全与完整。

(四) 及时调整账簿记录,保证账实相符

为了充分发挥财产清查的作用,保证账实相符,对于各种盘盈、盘亏,经批准后要按批准的意见进行账项调整。对于各种结算款项,如果在清查中发现差错,应及时调整账目。对于确实无法收回的应收款项,应按规定手续经批准后予以核销。

二、财产清查结果处理的步骤

为了反映和监督企业在财产清查中财产物资的盘盈、盘亏和毁损情况,应当设置"待处理财产损溢"账户核算。

"待处理财产损溢"账户用来核算企业在财产清查过程中查明的各项财产的盘盈、盘亏和毁损的价值。物资在运输途中发生的非正常损耗与短缺,也通过本账户核算。企业如有盘盈固定资产的,应作为前期差错记入"以前年度损益调整"账户。该账户的贷方登记各种材料、产成品、商品、生物资产等的盘盈数,以及经批准后的盘亏转销数,借方登记各种材料、产成品、商品、生物资产等的盘亏数,以及经批准后的盘盈转销数。贷方余额表示尚待批准处理的财产物资盘盈数。借方余额表示尚待批准处理的财产物资盘亏和毁损数。其样式如图7.1所示。

待处理财产损溢

借	贷
1）　待处理财产物资的盘亏和毁损数	1）　待处理财产物资的盘盈数
2）　经批准后的盘盈转销数	2）　经批准后的盘亏转销数
尚待批准处理的财产物资盘亏和毁损数	尚待批准处理的财产物资盘盈数

图 7.1　“待处理财产损溢”账户

根据“待处理财产损溢”账户的结构，对于财产清查结果的处理可以分为审批前和审批后 2 个阶段进行。

（一）审批前的处理

1. 财产盘盈的核算

在财产保管的过程中，由于管理制度不健全、计量不准等原因发生实物数字大于账面数字的情况为盘盈。下面举例说明财产物资盘盈在审批前的账务处理。

例 7－2　远华公司 2014 年 12 月在财产清查中，发现现金长款 80 元；盘盈账外材料 200 千克。经反复核查，现金长款未查明原因；盘盈材料查明是由于计量仪器不准而造成生产领用少付多算，经批准按每千克 5 元入账。

在审批之前，根据库存现金盘点报告表所确定的现金长款额和实存账存对比表所确定的材料盘盈数，编制会计分录，再根据所编会计分录登记入账，调整原来账面数字，做到账实相符。

借：库存现金	80	
原材料	1 000	
贷：待处理财产损溢——待处理流动资产损溢		1 080

2. 财产盘亏的核算

在财产保管的过程中，由于管理不善、非常损失等原因发生财产物资实存数字小于账面数字的情况为盘亏。对于财产的盘亏，在报经批准前应通过“待处理财产损溢”账户核算。下面举例说明财产物资盘亏在审批前的账务处理。

例 7－3　远华公司在财产清查中盘亏乙材料 1 000 元，产成品毁损一批，价值2 000 元，现金短款 50 元。

在审批之前，根据实存账存对比表所确定的材料盘亏数额和库存产品毁损数额及库存现金盘点报告表所确定的现金短款额编制会计分录如下。

借：待处理财产损溢——待处理流动资产损溢	3 050	
贷：原材料		1 000
库存商品		2 000
库存现金		50

（二）审批后的处理

1. 财产盘盈的核算

对于财产物资的盘盈，经审核批准后可以作为营业外收入处理，也可以冲减本月的管理费用。下面举例说明财产物资盘盈在审批后的账务处理。

例 7-4 承接例 7-2,经审批,现金长款作为营业外收入处理,盘盈的材料冲减本月的管理费用,编制会计分录如下。

借:待处理财产损溢——待处理流动资产损溢　1 080

　贷:营业外收入　80

　　管理费用　1 000

2. 财产盘亏的核算

对于财产物资的盘亏,经审核批准后,可以分别按以下情况处理。

① 属于自然损耗产生的定额内的合理亏损,计入管理费用。

② 属于超定额短缺的,能确定过失人的应由过失人负责赔偿;属于保险公司责任范围的,应向保险公司索赔,计入其他应收款。

③ 属于自然灾害等非正常原因造成的毁损,扣除保险公司赔款和残料价值后,计入营业外支出。

即问即答

企业如果有盘亏的固定资产,应如何进行账务处理?

例 7-5 承接例 7-3,经审批,盘亏的材料 1 000 元,属于自然灾害造成的非常损失,列入营业外支出;毁损的库存产成品属于责任事故,应由责任者个人赔偿的 500 元,列入其他应收款,毁损的净损失 1 500 元,列入管理费用;现金短款 50 元属于出纳人员工作差错,由出纳人员赔偿。编制会计分录如下。

借:管理费用　1 500

　其他应收款　550

　营业外支出　1 000

　贷:待处理财产损溢——待处理流动资产损溢　3 050

3. 应收、应付账款的清查

在财产清查中,查明确实无法收回的应收账款和无法支付的应付款项,在报经批准后,应该按照规定的方法进行账务处理(已计提坏账准备的通过"坏账准备"账户核算),不需要通过"待处理财产损溢"账户核算。

例 7-6 远华公司在财产清查中,查明确实无法收回的应收账款为 6 000 元,经批准,作为坏账损失处理。编制会计分录如下。

借:坏账准备　6 000

　贷:应收账款　6 000

例 7-7 远华公司在财产清查中,查明有应付某单位账款 3 000 元,由于对方机构撤销,已确认无法支付该款项,因此转作"资本公积"。编制会计分录如下。

借:应付账款——××单位　3 000

　贷:资本公积　3 000

小知识

企业年度全面清查制度的建立与实施

一、正确执行年度企业资产与负债的全面清查的重要性

(一) 确实掌握企业的资产、负债及业主权益,实施必要的运用与保全措施。

(二) 经对年度资产与负债的全面清查,确实了解企业营运制度上存在的各种缺失,可以起到为企业经营去粗存精之效,进而提升企业的营运效率。

1. 彻底地检查企业内部控制制度的严密性与周严性,以防止各种人为的舞弊发生。尤其是采用计算机处理会计事项的企业,更可借助年度的机会全面对企业电算化内部的控制制度做一番整体测试,发现存在的缺失,及时加以改善,防范企业内发生计算机舞弊的可能。

2. 研究企业有限的经营资源是否做了有效的分配应用。例如,当企业拥有过多的呆滞存货时,表示企业存货管理政策的执行有失,应着手加以改进。

3. 对各项资产保全,经过全面清查之后,方能了解企业的资产数量及实际状况,才能对各种呆滞资产做有效处置,从而进一步对既有资产做有效利用。

4. 衡量企业的理财政策与技巧有效性。例如,企业拥有过多的资产与负债,不仅会增加企业营运成本,更代表企业在经营上会承受更大、更多的风险。

5. 适时地处理与调整不当资产。例如,对过时呆滞的存货、已过期的呆账等不当情况应列出明细,除了应指派专人负责处理之外,会计人员也应准备必要的会计处理事宜,以免虚增企业资产。

6. 财产清查后,一定要进行必要的会计账务的转账调整工作,以使会计信息更正确、更可靠。例如,坏账的摊提,各项存货盘盈和盘亏的调整,各项预付款的整理。

(三) 为企业未来的会计信息系统的整合与运作奠定良好的基础。

1. 拥有各项会计科目的正确清查数量与计价是新会计年度会计开账的基础。因此,财产清查工作一定要做好。

2. 有了正确的开账记录,会计人员日后工作就能顺利地进行,不会再为核对不确实的资料而耗时。

3. 新年度开始,会计人员就能以改善后的会计信息系统进行会计事项的处理,从而增强会计数据处理的效果。

(四) 可以作为今年的年度决算工作的前置作业。

(五) 尚未建立会计信息系统的企业,可以借助此次完整的清查资料作为开账资料,展开会计信息系统的运作。

随着经营资源成本的逐渐提高,企业经营者必须以策略性的观点来看待企业年终时的全面财产清查工作,它所具有的经营价值是经营者应有的基本认识。

二、在电算化环境下,要做好年度全面财产清查工作,应掌握关键的成功因素

很多企业都已经实施会计电算化,在电算化环境下进行年度全面清查工作,应掌握的关键成功因素如下。

(一) 了解电算化的会计账簿的组织特性。由于,“各会计科目总分类账金额 = $\sum$ 各会计科目明细分类账金额 = $\sum$ 各实物分类账金额 = 仓库实物数量”,因此,应由实物账管理人员打印实物明细盘存表，让清查人员进行实物清查，同时打印存货金额，跟会计人员对账。要做到以下几点。

1．实物明细盘存表＝仓库实物

2．实物明细账金额＝会计科目明细分类账金额

如果不相符，就代表实物有盘盈或盘亏的情况发生。

（二）检查电算化内部的稽核制度是否完整且被执行。企业要执行电算化内部稽核制度最重要的工作有以下几点。

1．各经营活动事项的实物账数据处理人员是否依据电算化标准作业手册进行每天的交易数据处理工作，日结作业与月结作业是否落实执行。

2．会计审计轨迹是否完整。

3．电算化内部稽核的一般控制与管理控制是否落实执行。

在电算化环境下，企业能掌握使年度全面财产清查工作成功的关键性因素，并能确实地执行，就表示企业的电算化环境是健全的，进行年度全面财产清查工作不会产生重大的问题。

三、执行年度全面财产清查的基本原则

当企业执行年度全面财产清查工作时，应掌握以下几个基本原则。

（一）全面原则。企业拥有所有权的各项资产、企业负有偿还义务的负债及股东权益项下的科目均应列入清查的范围。

（二）事权统一原则。年度清查工作总负责人、清查项目清查人及监督人、资料打印人等的指定与工作分配，要利于清查工作的进行及保证清查工作的准时完成。

（三）客观原则。进行财产清查工作时应遵循的客观原则有3个。

1．对证物、实物必须能客观地评价。

2．对清查实物价值的列账，应以客观价格认列，必要时可委托可信赖的第三者。

3．清查人选的客观性。绝不能由清查保管人担任该项科目的清查人，也就是一般所说的裁判兼球员现象一定要避免。

（四）正确原则。要求所有参与清查工作的人员要秉持正确的清查质量，进行自己负责的清查工作。对于清查的各项目的数量、质量、规格与金额要求一定要正确。对有疑点之处，应详细说明，并做进一步追查，不可置之不理。

（五）重点掌握原则。当清查量或清查项目庞大时，清查人要充分利用以80/20原则，也就是先完成重要的项目清查之后，再陆续清查微少数量或量多值低的项目。对低值易耗品的清查，可以用重量法替代点数法。例如，对螺丝的清查就可以用重量法进行清查工作。

（六）争取时效原则。负责财产清查的人员一定要在规定的时间内完成所有的清查工作及必要的复查工作。

（七）预防原则。

1．勇于揭发各种财产管理上的缺失，并提出落实的改善方法，绝不可让资产保管人以各种理由搪塞了事。

2．发现错误，就应有改进错误的勇气，并避免此类错误再发生。

3．依照财产管理人员工作表现的优劣，进行必要的奖惩。

（八）技巧讲究原则。清查前应做必要的清查教育，使参加清查的人员知道各种有效的

清查技巧，以顺利地完成清查任务，必要时也可要求相关工作单位配合，以利于清查工作的进行。例如，要求制造车间领足配件原料，制成配件组件，以利于在产品之清查。

一般做法是由主办清查工作小组先准备完整的清查书面资料，作为清查工作参加人员的工作规范。

本单元小结

1. 财产清查是保证企业账实相符，从而提供准确的会计信息的重要手段，有其重要的意义。财产清查主要分为局部和全面清查，以及定期和不定期清查。企业应根据实际情况，科学合理地安排、设计财产清查的程序。

2. 企业各项财产物资的清查有其不同的方法。其中，对库存现金和实物的清查应采用实地盘点法；对银行存款的清查通过采用将银行存款日记账与开户银行核对账目的方法进行；与外部各单位的各种往来款项，一般是采用发函询证的方式与对方单位核对账目来进行。

3. 财产清查的结果主要有对财产物资的盘盈和盘亏处理，应通过设置“待处理财产损溢”账户进行核算，同时分为审批前和审批后 2 个阶段来处理。

第八单元

编制和报送财务报告

学习目标

- 了解财务报告的构成、分类和编制要求。
- 理解各种财务报表的概念、意义。
- 初步掌握资产负债表、利润表的结构和编制的原理、方法。
- 熟记财务报告报送的相关规定。

引导案例

近年来,随着中国经济的快速发展、金融服务领域的日益扩大,证券市场也在逐渐扩大、成熟。炒股、买基金、买债券进行投资的单位和个人越来越多,股票、资金、债券走进千家万户,成为人们街头巷尾、茶余饭后议论的热门话题。当然,股市有风险,入市须谨慎。

小李炒股已有几年,赚了不少钱,周围的朋友、同事有赚有赔,大部分赚得不多,甚至有些人赔得多。人们向小李取经。他说,股市是个变幻莫测的市场,受很多因素的影响。其中,有一个因素就是要了解上市公司的财务状况、经营业绩、现金流量等财务指标,并对这些指标进行分析,选择那些成长性好、业绩优良的股票进行投资。那么,股民关心的每股收益、净资产收益率、每股经营现金流量、净利润同比增长率、每股未分配利润等财务指标在哪里体现呢?最终体现在上市公司的财务报告上(中期、年度报告)。上市公司的财务报告应提供有关企业发展前景及能力、经营效益及效率等方面的真实信息,企业经营者、股东、债权人及潜在的投资者通过财务报告,可以了解和掌握企业生产经营情况、财务状况、利润形成及分配和发展水平,有助于投资者做出理性的投资决策,有助于投资者评估与投资有关的未来现金流量的金额、时间和风险等。

什么是财务报告?编制财务报告的要求有哪些?如何编制?通过对本单元及以后的"财务会计"课程的学习,我们将逐步解决这些问题。

项目一 认识财务报告

任务描述

会计核算贯穿于经济活动的全过程,填制和审核会计凭证—登记账簿—编制财务报告3个环节是会计核算的主线。前面学过的会计凭证和会计账簿虽然也反映了企业发生的各项经济业务,并按照规定的方法登记到了会计凭证和账簿中,提供了会计信息,但它们提供的核算资料相对分散,不能集中、概括、系统、全面地提供经营管理所需要的完整的会计信息。为了满足会计信息使用者的需要,必须在日常的会计核算资料(会计凭证、账簿记录)的基础上,定期地对账簿等核算资料进行进一步的归集、加工、汇总、整理,编制各种财务报表,形成一套完整的、科学的指标体系,帮助会计信息使用者对企业的财务状况和经营成果及现金流量进行合理的评价,以便做出正确的决策。本项目的任务就是让学生了解企业提供财务报告的意义,掌握财务报告的构成、分类和编制要求。

教学准备

1. 根据项目的需要,给学生下发资产负债表和利润表。
2. 撰写教案、备课笔记,并制作本项目的课件。
3. 根据项目任务,选择实物认知、讲授与演示相结合的方法。
4. 明确本项目的考核内容、考核要求及评价标准。

相关知识

一、财务报告的意义

(一)财务报告的概念

财务报告是企业对外提供的反映企业财务状况、经营成果和现金流量等会计信息的书面文件,由财务报表、财务报表附注和应当在财务报告中披露的相关信息和资料组成,是企业根据日常的会计核算资料归集、加工和汇总后形成的,是企业会计核算的最终成果。

(二)财务报告的特征

① 财务报告应当是对外报告,其服务对象主要是投资者、债权人等外部使用者。专门为了内部管理需要的、特定目的形成的报告不属于财务报告的范畴。

② 财务报告应当综合反映企业的生产经营状况,包括某一时点的财务状况和某一时期的经营成果与现金流量等信息。

③ 财务报告必须形成一个系统的文件,不是零星的或不完整的信息。

（三）财务报告的目标

企业编制财务报告的目的，是向财务报告使用者提供与企业经营有关的会计信息，反映企业管理层受托责任的履行情况，以便财务报告使用者做出经营决策。

1. 满足投资者、债权人、政府及有关部门和社会公众等信息使用者的需要

① 满足投资者的信息需要是企业财务报告编制的首要出发点。近年来，我国企业改革持续深入，产权日益多元化，资本市场快速发展，机构投资者及其他投资者队伍日益壮大，对会计信息的要求日益提高。在这种情况下，投资者更加关心其投资的风险和报酬，他们需要利用会计信息来做出决策。例如，决定是否应当买进、持有或卖出企业的股票，需要利用会计信息来评估企业支付股利的能力。因此，基本准则将投资者作为企业财务报告的首要使用者，凸显了投资者的地位，体现了保护投资者利益的要求，是市场经济发展的必然。

② 除了投资者之外，企业财务报告的使用者还有债权人、政府及有关部门、社会公众等。例如，企业贷款人、供应商等债权人通常十分关心企业的偿债能力和财务风险，他们需要信息来评估企业能否如期支付贷款的本金及利息，能否如期支付所欠购货款等；政府及有关部门作为经济管理和经济监督部门，通常关心经济资源分配的公平性、合理性，市场经济秩序的公正性、有序性，宏观决策所依据信息的真实可靠性等，因此，它们需要信息来监管企业的有关活动（尤其是经济活动）、制定税收政策、进行税收征管和国民经济统计等；社会公众也关心企业的生产经营活动，包括对所在地经济做出的贡献，如增加就业、刺激消费、提供社区服务等。因此，在财务报告中提供有关企业发展前景及能力、经营效益及效率等方面的信息，可以满足社会公众的信息需要。应当讲，这些使用者的许多信息需求是共同的。由于投资者是企业资本的主要提供者，通常情况下，如果财务报告能够满足这一群体的会计信息需求，也就可以满足其他使用者的大部分信息需求。

2. 反映企业管理层受托责任的履行情况，有助于财务报告使用者做出经济决策

现代企业制度强调企业所有权和经营权相分离，企业管理层是受人之托经营管理企业及其各项资产，负有受托责任。就是说，企业管理层所经营管理的企业的各项资产基本上均由投资者投入的资本（或者留存收益作为再投资）或向债权人借入的资金所形成，企业管理层有责任妥善保管，并合理、有效地运用这些资产。企业投资者和债权人等也需要及时或经常性地了解企业管理层保管、使用资产的情况，以便评价企业管理层的责任情况和业绩情况，并决定是否需要调整投资或借贷政策，是否需要加强企业内部控制和其他制度建设、是否需要更换管理层等。因此，财务报告应当反映企业管理层受托责任的履行情况，以利于外部投资者和债权人等评价企业的经营管理责任和资源使用的有效性。

二、企业财务报告的构成及分类

财务报告的内容包括财务报表和其他应当在财务报告中披露的相关信息和资料。其中，财务报表由报表本身及其附注两部分构成，附注是财务报表的有机组成部分。财务报表至少应当包括资产负债表、利润表、现金流量表和所有者权益（或股东权益）变动表。考虑到

小企业的规模较小，对外部信息的需求相对较低，因此，小企业编制的报告可以不包括现金流量表和所有者权益（或股东权益）变动表。财务报表是企业财务报告的主要组成部分。

（一）企业财务报告的构成

1. 财务报表

财务报表是财务报告的主要组成部分，它从不同的角度反映了企业的财务状况、经营成果和现金流量情况。财务报表至少应当包括资产负债表、利润表、现金流量表、所有者权益（或股东权益，下同）变动表。从动态和静态的角度来看，资产负债表反映的是企业在一定时点上关于财务状况的静态信息，是一种静态报表；而利润表和现金流量表则反映的是企业在一定期间内关于经营成果和现金流量的动态信息，是一种动态报表。这3张报表反映了企业财务和经营状况的核算信息，构成了企业对外报送的三大基本会计报表。

（1）资产负债表

这是反映企业在某一特定日期的财务状况的会计报表。企业编制资产负债表的目的是通过如实反映企业的资产、负债和所有者权益的金额及结构情况，从而有助于使用者评价企业资产的质量及短期偿债能力、长期偿债能力和利润分配能力等。

（2）利润表

这是反映企业在一定会计期间的经营成果的会计报表。企业编制利润表的目的是通过如实反映企业实现的收入、发生的费用及应当计入当期利润的利得和损失的金额及结构情况，从而有助于使用者分析评价企业的盈利能力及其构成与质量。

（3）现金流量表

这是反映企业在一定会计期间的现金和现金等价物的流入和流出情况的会计报表。企业编制现金流量表的目的是通过如实反映企业各项活动的现金流入、流出情况，从而有助于使用者评价企业的现金流量和资金周转情况。

（4）所有者权益变动表

这是反映构成所有者权益的各组成部分当期增减变动情况的报表。所有者权益变动表不仅包括所有者权益总量的增减变动，还包括结构性变动的信息，特别是要反映直接计入所有者权益的利得和损失，从而有助于使用者准确理解所有者权益增减变动的根源。

2. 财务报表附注

财务报表附注是对在会计报表中列示的主要项目所做的进一步说明，以及对未能在这些报表中列示的项目的解释。例如，企业的基本情况、财务报告的编制基础和编制依据、重要会计政策及对会计估计的说明等。

企业编制附注的目的是通过对财务报表本身做补充说明，以更加全面、系统地反映企业财务状况、经营成果和现金流量的全貌，从而有助于向使用者提供更为有用的信息，使他们做出更加科学、合理的决策。财务报表是财务报告的核心内容，但是除了财务报表之外，财务报告还应当包括其他相关信息，具体可以根据有关法律、法规的规定和外部使用者的信息需求而定。有些信息虽然属于非财务信息，但与使用者做出决策也是相关的，无法包括在财务报表中。如果有规定或使用者有需求的，企业应当在财务报告中予以披露，企业也可以自愿在财务报告中披露相关信息。

3. 财务情况说明书

财务情况说明书是对会计报表内容所做的必要的补充说明，它至少应当对下列情况做出说明。

① 企业生产经营的基本情况。

② 利润的实现和分配情况。

③ 资金的增减和周转情况。

④ 对企业的财务状况、经营成果和现金流量有重大影响的其他事项。

（二）财务报告的分类

1. 按反映的经济内容分类

按照所反映的经济内容的不同，财务报告可分为以下5种。

① 资产负债表，即反映企业在某一特定日期的财务状况的会计报表。

② 利润表，即反映企业在一定会计期间的经营成果的会计报表。

③ 现金流量表，即反映企业在一定会计期间的现金和现金等价物流入和流出情况的会计报表。

④ 所有者权益变动表，即反映企业构成所有者权益的各组成部分当期的增减变动情况的会计报表。

⑤ 附注，即对在资产负债表、利润表、现金流量表和所有者权益变动表等报表中的列示项目的文字描述或明细资料，以及对未能在这些报表中列示的项目的说明等。

2. 按反映资金运动状态分类

按其反映资金运动状态的不同，财务报告可以分为静态财务报告和动态财务报告。

① 静态财务报告是指反映企业资金运动处于某一相对静止状态的财务会计报告，如资产负债表等。

② 动态财务报告是指反映企业资金处于运动状态的财务报告，如利润表和现金流量表。

3. 按编报的期间分类

按编报的期间的不同，财务报告可分为中期财务报告和年度财务报告。

① 中期是指短于一个完整的会计年度的报告期间，包括半年度、季度和月度。季度、月度财务报告通常仅指财务报表，其内容至少应当包括资产负债表、利润表、现金流量表和附注。其中，中期资产负债表、利润表和现金流量表应当是完整报表，其格式和内容应当与年度财务报表相一致。与年度财务报表相比，中期财务报表中的附注披露可适当简略。

② 年度财务报告在每年度终了时编制，应于年度终了后4个月内对外提供，包括财务报告的全部内容。另外，考虑到小企业的规模较小，对外部的信息需求相对较低，因此，我国《小企业会计制度》规定，小企业的年度财务报告包括资产负债表、利润表和会计报表附注。小企业可以根据需要选择是否编制现金流量表。

说明

我国《财务报告条例》规定,年度结账日为公历年度每年的12月31日;半年度、季度、月度结账日分别为公历年度每半年、每季、每月的最后一天。年度、半年度财务报告应当是完整的财务报告,即至少包括财务报表、财务报表附注和其他应当披露的会计信息和资料。

4. 按报送对象分类

按所报送对象的不同,财务报告可分为对外财务报告和对内财务报告。

① 对外财务报告是指按照会计准则和国家统一会计制度规定,专门为投资人、债权人、政府部门等企业外部报表使用者提供的报表。例如,资产负债表、利润表和现金流量表。

② 对内财务报告是指各单位根据本单位的经营特点和管理要求自行规定、设计,专门为企业内部职能部门和领导人报送的报表,主要包括成本报表及有关附表、计划等。

5. 按编制的主体分类

按编制主体的不同,财务报告可以分为个别财务报告和合并财务报告。

① 个别财务报告是指独立核算的单位,根据本企业的核算资料和其他资料所编制的只反映本单位的财务状况及经营成果的财务报告。

② 合并财务报告是指对外投资的企业,当其投资总额占被投资企业资本总额的50%以上时,将投资企业与被投资企业视为一个会计主体,并将双方的有关经济指标合并在一起,由投资企业所编制的财务报告。合并财务报告所反映的是投资企业与被投资企业共同的财务状况和经营成果,一般只编制对外财务报告。

财务报告的分类如图8.1所示。

- 财务报告
  - 按反映的经济内容分类
    - 资产负债表
    - 利润表
    - 现金流量表
    - 所有者权益变动表
    - 财务报表附注
  - 按反映的资金运动状态分类
    - 静态财务报告——资产负债表
    - 动态财务报告
      - 利润表
      - 现金流量表
  - 按编报的期间分类
    - 中期财务报表
      - 月报
      - 季报
      - 半年报
    - 年度财务报告
  - 按报送对象分类
    - 对内财务报告
    - 对外财务报告
  - 按编制的主体分类
    - 个别财务报告
    - 合并财务报告

图8.1　财务报告的分类

三、财务报告的编制要求

（一）财务报告的编制程序

为了保证财务报告数据的真实、可靠和完整，使报表使用者及时掌握情况，做出正确的决定，财务报告的编制应采取科学的程序。以下为财务报告的主要编制步骤和程序。

1. 结账

将当期发生并完成的经济业务全部登记入账并保证正确无误。按照权责发生制原则调整和结转有关账项，将应计入本期损益的收入和费用，通过编制调整会计分录记入本期，为编制财务报告提供正确的核算资料。

2. 对账

从事日常的会计工作时，在填制凭证、记账、过账、算账、结账、计算的过程中，难免会发生差错，出现账款、账物不符的情况。因此，在结账前后，要通过对账，对有关账簿记录进行核对，以确保会计核算资料的正确性和完整性，为编制财务报表提供真实、可靠的数据资料。

3. 试算平衡

核对账目之后，结出总账与所属明细账户的余额。核对无误后，进行试算平衡，以保证财务报告的数据真实、准确。

4. 编制财务报告

按照会计准则和国家统一会计制度规定的方法将日常的核算资料转化为报表的形式报出，形成合法、完整、准确的会计信息。

（二）财务报告的编制要求

为了使财务报告能够最大限度地满足各有关方面的需要，实现编制财务报告的基本目的，充分发挥财务报告的作用，在编制财务报告时，必须严格遵循国家会计制度规定的编制基础、编制依据、编制原则和编制方法。编制出的财务报告应当真实可靠，相关可比，全面完整，编报及时，便于理解。

1. 真实可靠

财务报告中各项目的数字必须以报告期内日常会计核算资料的实际数字来填列，数字计算要准确，计算口径要一致，不得根据虚构的、没有发生的或尚未发生的交易或事项进行确认、计量和报告。要如实反映企业财务状况和经营活动情况，严禁弄虚作假、估计数字、提前结账。这些都是编制财务报告的基本要求，也是充分发挥财务报告作用的前提条件。

2. 相关可比

企业提供的会计信息必须与投资者等财务报告使用者的经济决策需要相关，以满足报告使用者的需要；并且财务报表各项目的数据应当口径一致，相互可比，便于报告使用者在不同企业之间及同一企业前后各期之间进行比较。

3. 内容完整

各种财务报告组成了一定的财务报告体系。财务报告必须全面、系统地反映企业、单位的生产经营活动及其成果,应按照国家规定的报表种类和内容填报,编制的报表及其附注内容等应当保持完整,不得随意遗漏或者减少应予披露的信息——与使用者相关的信息都应披露。

4. 编报及时

财务报告中的信息具有极强的时效性。只有及时编制和报送财务报告,才能为报告使用者做出及时、有效的决策提供所需的信息资料。随着市场经济和信息技术的迅速发展,财务报表的及时性要求将变得日益重要。

5. 便于理解

编制的会计报告应当清晰明了,便于理解和利用。如果提供的会计报告晦涩难懂,不可理解,使用者不能据此做出准确的判断,则会计报告的作用也会大大减小。当然,会计报告的这一要求是建立在会计报告使用者具有一定的会计报告阅读能力的基础上的。

即问即答

如果你是一个投资者,在投资前,对财务报告的哪些信息需要了解?

说明

- “财务报告”从国际范围来看是一个比较通用的术语,但是在我国现行有关法律、行政法规中使用的是“财务会计报告”术语。为了保持法规体系上的一致性,基本准则仍然沿用了“财务会计报告”术语,但同时又引入了“财务报告”这一术语,并指出“财务会计报告又称财务报告”,从而较好地解决了立足国情与国际趋同的问题。在所有具体准则的制定中则统一使用了“财务报告”术语。
- 会计报表、财务报表、财务报告的区别。我国现行法律、行政法规中使用的会计报表仅指报表本身,没有附注,会计报表既包括对外提供的报表,又包括为企业内部管理服务、不对外提供的成本报表;而财务报表除了会计报表本身外,还包括附注;财务报表是财务报告的核心内容,但是除了财务报表之外,财务报告还应当包括其他相关信息,具体可以根据有关法律、法规的规定和外部使用者的信息需求而定。

提醒

①《企业会计准则第30号——财务报表列报》规定企业应当以持续经营为基础,根据实际发生的交易和事项,按照《企业会计准则——基本准则》和其他各项会计准则的规定进行确认和计量,在此基础上编制财务报表。

②《企业会计准则第30号——财务报表列报》规定财务报表中资产项目和负债项目

的金额、收入项目和费用项目的金额不得相互抵销，但其他会计准则另有规定的除外。

资产项目按扣除减值准备后的净额列示，不属于抵销。

非日常活动产生的损益，以收入扣减费用后的净额列示，不属于抵销。

③《企业会计准则第30号——财务报表列报》规定企业应当在财务报表的显著位置至少披露下列各项。

- 编报企业的名称。
- 资产负债表日或财务报表涵盖的会计期间。
- 人民币金额的单位。
- 财务报表是合并财务报表的，应当予以标明。

项目二　编制资产负债表

任务描述

资产负债表是三大主表之一，是反映企业财务状况的报表，是企业每月都要提供的书面文件。学会编制资产负债表是会计人员必须学习的七大会计核算方法之一。本项目主要让学生理解资产负债表的概念、意义，熟知资产负债表的格式和构成内容，掌握资产负债表编制的理论依据和编制方法，能编制一般的资产负债表。

教学准备

1. 根据项目的需要，给学生下发模拟编制资产负债表的实训资料。
2. 撰写教案、备课笔记，并制作本项目的课件。
3. 根据项目任务，选择讲授、演示与模拟实训相结合的方法。
4. 明确本项目的考核内容、考核要求及评价标准。

相关知识

一、资产负债表的概念和意义

（一）资产负债表的概念

资产负债表是用来总括反映企业在某一特定日期的财务状况的会计报表。

资产负债表所反映的某一时点上的财务状况数据是由企业以往的生产经营活动引起的资产、负债和所有者权益相应的增减变化的结果。它表明企业在某一特定日期所拥有或控制的经济资源、所承担的现有义务和所有者对企业净资产的要求权。

（二）资产负债表的意义

① 资产负债表给信息使用者提供了企业某一特定日期的资产总额及分布情况，据此可

以对企业经济资源的总额及构成情况进行深入了解,分析和评价企业经济资源的构成是否合理。

② 资产负债表提供了某一特定日期企业的负债总额及结构,可以使信息使用者了解企业的财务实力、偿债能力,从而有利于信息使用者做出正确的经营决策和投资决策。

③ 资产负债表提供了所有者权益的情况,可以使信息使用者了解所有者权益的构成情况和投资者在企业中所占的份额,分析企业资本结构的合理性和企业所面临的财务风险,据此判断资本保值、增值的情况及对负债的保证程度。

④ 资产负债表前、后期各项目的数字是进行财务分析的基本资料,信息使用者可以据此了解企业资金结构的变化情况和变动趋势,以便掌握企业潜在的盈余能力和未来的发展前景,做出经济决策。

二、资产负债表的样式

(一) 资产负债表的内容

资产负债表的编制是依据会计恒等式“资产 = 负债 + 所有者权益”设计的,主要包括以下3方面的内容。

1. 资产

资产一般是按照流动资产、非流动资产分类,并进一步分项列示,再按流动性的大小顺序进行排列的。流动性大的资产排列在前,流动性小的资产排列在后。

2. 负债

负债应当按照流动负债和非流动负债在资产负债表中列示,并按偿还期的长短进行排列,偿还期短的负债排列在前,偿还期长的负债排列在后。

3. 所有者权益

所有者权益一般按照净资产的不同来源和特定用途进行分类列示,包括实收资本(或股本)、资本公积、盈余公积和未分配利润四大项。所有者权益是按金额的稳定性进行排列的,金额稳定程度高的排列在前,金额稳定程度低的排列在后。

(二) 资产负债表的样式

资产负债表一般由表头、表身和表尾3个部分组成。表头主要包括资产负债表的名称、编制单位、编制日期和金额单位;表身主要包括资产、负债、所有者权益等各项目的金额;表尾主要包括附注资料等。

我国各单位的资产负债表采用账户式结构反映。账户式资产负债表分为左右2列:左方列示编报日各项资产的金额,表明企业拥有或控制的经济资源的数量和分布状况;右方列示编报日各项负债和所有者权益的金额,表明企业资金来源的途径和数量。

三、资产负债表的编制方法

（一）资产负债表各项目的列报说明

1. 资产项目的列报说明

①“货币资金”项目，反映企业库存现金、银行结算户存款、外埠存款、银行汇票存款、银行本票存款、信用卡存款、信用证保证金存款等的合计数。本项目应根据“库存现金”、“银行存款”、“其他货币资金”等科目的期末余额的合计数填列。

②“交易性金融资产”项目，反映企业持有的以公允价值计量，且其变动计入当期损益，为交易目的所持有的债券投资、股票投资、基金投资、权证投资等金融资产。本项目应根据“交易性金融资产”科目的期末余额填列。

③“应收票据”项目，反映企业因销售商品、提供劳务等而收到的商业汇票，包括银行承兑汇票和商业承兑汇票。本项目应根据“应收票据”科目的期末余额减去“坏账准备”科目中有关应收票据计提的坏账准备的期末余额后的金额填列。

④“应收账款”项目，反映企业因销售商品、提供劳务等经营活动应收取的款项。本项目应根据“应收账款”和“预收账款”科目所属各明细科目的期末借方余额合计减去“坏账准备”科目中有关应收账款计提的坏账准备的期末余额后的金额填列。例如，“应收账款”科目所属的明细科目期末有贷方余额的，应在资产负债表的“预收款项”项目内填列。

⑤“预付账款”项目，反映企业按照购货合同规定预付给供应单位的款项等。本项目应根据“预付账款”和“应付账款”科目所属各明细科目的期末借方余额合计数减去“坏账准备”科目中有关预付款项计提的坏账准备期末余额后的金额填列。例如，“预付账款”科目所属的各明细科目期末有贷方余额的，应在资产负债表的“应付账款”项目内填列。

⑥“应收利息”项目，反映企业应收取的债券投资等利息。本项目应根据“应收利息”科目的期末余额减去“坏账准备”科目中有关应收利息计提的坏账准备的期末余额后的金额填列。

⑦“应收股利”项目，反映企业应收取的现金股利和应收取的其他单位分配的利润。本项目应根据“应收股利”科目的期末余额减去“坏账准备”科目中有关应收股利计提的坏账准备的期末余额后的金额填列。

⑧“其他应收款”项目，反映企业除应收票据、应收账款、预付账款、应收股利、应收利息等经营活动以外的其他各种应收、暂付的款项。本项目应根据“其他应收款”科目的期末余额减去“坏账准备”科目中有关其他应收款计提的坏账准备的期末余额后的金额填列。

⑨“存货”项目，反映企业期末在库、在途和在加工中的各种存货的可变现净值。本项目应根据“材料采购”、“原材料”、“库存商品”、“周转材料”、“委托加工物资”、“委托代销商品”、“生产成本”等科目的期末余额合计，减去“受托代销商品款”、“存货跌价准备”科目的期末余额后的金额填列。材料采用计划成本核算及库存商品采用计划成本核算或售价核算的企业，还应按加或减材料成本差异、商品进销差价后的金额填列。

⑩“一年内到期的非流动资产”项目，反映企业将于1年内到期的非流动资产项目金额。本项目应根据有关科目的期末余额填列。

⑪“其他流动资产”项目，反映企业除货币资金、交易性金融资产、应收票据、应收账款、存货等以外的其他流动资产。本项目应根据有关科目的期末余额填列。

⑫“可供出售金融资产”项目，反映企业持有的以公允价值计量的可供出售的股票投资、债券投资等金融资产。本项目应根据“可供出售金融资产”科目的期末余额减去“可供出售金融资产减值准备”科目的期末余额后的金额填列。

⑬“持有至到期投资”项目，反映企业持有的以摊余成本计量的持有至到期投资。本项目应根据“持有至到期投资”科目的期末余额减去“持有至到期投资减值准备”科目期末余额后的金额填列。

⑭“长期应收款”项目，反映企业因融资租赁产生的应收款项，以及因采用递延方式具有融资性质的销售商品和提供劳务等产生的长期应收款项等。本项目应根据“长期应收款”科目的期末余额减去相应的“未实现融资收益”科目和“坏账准备”科目所属相关明细科目的期末余额后的金额填列。

⑮“长期股权投资”项目，反映企业持有的对子公司、联营企业和合营企业的长期股权投资。本项目应根据“长期股权投资”科目的期末余额减去“长期股权投资减值准备”科目的期末余额后的金额填列。

⑯“投资性房地产”项目，反映企业持有的投资性房地产。企业采用成本模式计量投资性房地产的，本项目应根据“投资性房地产”科目的期末余额减去“投资性房地产累计折旧（摊销）”和“投资性房地产减值准备”科目的期末余额后的金额填列；企业采用公允价值模式计量投资性房地产的，本项目应根据“投资性房地产”科目的期末余额填列。

⑰“固定资产”项目，反映企业各种固定资产原价减去累计折旧和累计减值准备后的净额。本项目应根据“固定资产”科目的期末余额减去“累计折旧”和“固定资产减值准备”科目的期末余额后的金额填列。

⑱“在建工程”项目，反映企业期末各项未完工程的实际支出，包括交付安装的设备价值，未完建筑安装工程已经耗用的材料、工资和费用支出，预付出包工程的价款等可收回金额。本项目应根据“在建工程”科目的期末余额减去“在建工程减值准备”科目的期末余额后的金额填列。

⑲“工程物资”项目，反映企业尚未使用的各项工程物资的实际成本。本项目应根据“工程物资”科目的期末余额填列。

⑳“固定资产清理”项目，反映企业因出售、毁损、报废等原因而转入清理，但尚未清理完毕的固定资产的净值，以及在对固定资产的清理过程中所发生的清理费用和变价收入等各项金额的差额。本项目应根据“固定资产清理”科目的期末借方余额填列。如果“固定资产清理”科目期末为贷方余额，则以“-”号填列。

㉑“生产性生物资产”项目，反映企业持有的生产性生物资产原价减去累计折旧和累计减值准备后的净额。本项目应根据“生产性生物资产”科目的期末余额减去“生产性生物资产累计折旧”和“生产性生物资产减值准备”科目的期末余额后的金额填列。

㉒“油气资产”项目，反映企业持有的矿区权益和油气井及相关设施的原价减去累计折耗和累计减值准备后的净额。本项目应根据“油气资产”科目的期末余额减去“累计折耗”科目的期末余额和相应减值准备后的金额填列。

㉓“无形资产”项目，反映企业持有的无形资产，包括专利权、非专利技术、商标权、著作

权、土地使用权等。本项目应根据"无形资产"的期末余额减去"累计摊销"和"无形资产减值准备"科目的期末余额后的金额填列。

㉔"开发支出"项目,反映企业在开发无形资产的过程中能够使其资本化而形成无形资产成本的支出部分。本项目应根据"研发支出"科目中所属的"资本化支出"明细科目的期末余额填列。

㉕"长期待摊费用"项目,反映企业已经发生但应由本期和以后各期负担的分摊期限在1年以上的各项费用。长期待摊费用在1年内(含1年)摊销的部分,在资产负债表"一年内到期的非流动资产"项目填列。本项目应根据"长期待摊费用"科目的期末余额减去将于1年内(含1年)摊销的数额后的金额填列。

㉖"递延所得税资产"项目,反映企业确认的因可抵扣暂时性差异而产生的递延所得税资产。本项目应根据"递延所得税资产"科目的期末余额填列。

㉗"其他非流动资产"项目,反映企业除长期股权投资、固定资产、在建工程、工程物资、无形资产等以外的其他非流动资产。本项目应根据有关科目的期末余额填列。

2. 负债项目的列报说明

①"短期借款"项目,反映企业从银行或其他金融机构等借入的期限在1年以下(含1年)的各种借款。本项目应根据"短期借款"科目的期末余额填列。

②"交易性金融负债"项目,反映企业承担的以公允价值计量,且其变动计入当期损益,为交易目的所持有的金融负债。本项目应当根据"交易性金融负债"科目的期末余额填列。

③"应付票据"项目,反映企业因购买材料、商品和接受劳务供应等而承兑的商业汇票,包括银行承兑汇票和商业承兑汇票。本项目应根据"应付票据"科目的期末余额填列。

④"应付账款"项目,反映企业因购买材料、商品和接受劳务供应等经营活动应支付的款项。本项目应根据"应付账款"和"预付账款"科目所属各明细科目的期末贷方余额合计数填列。如果"应付账款"科目所属明细科目期末有借方余额,应在资产负债表的"预付款项"项目内填列。

⑤"预收款项"项目,反映企业按照购货合同的规定预付给供应单位的款项。本项目应根据"预收账款"和"应收账款"科目所属各明细科目的期末贷方余额合计数填列。如果"预收账款"科目所属各明细科目期末有借方余额,应在资产负债表的"应收账款"项目内填列。

⑥"应付职工薪酬"项目,反映企业根据有关规定应付给职工的工资、职工福利、社会保险费、住房公积金、工会经费、职工教育经费、非货币性福利、辞退福利等各种薪酬。外商投资企业按规定从净利润中提取的职工奖励及福利基金,也在本项目中列示。

⑦"应交税费"项目,反映企业按照税法规定计算应交纳的各种税费,包括增值税、消费税、营业税、所得税、资源税、土地增值税、城市维护建设税、房产税、土地使用税、车船使用税、教育费附加、矿产资源补偿费等。企业代扣代交的个人所得税,也通过本项目列示。企业所交纳的税金不需要预计应交数的,如印花税、耕地占用税等,不在本项目列示。本项目应根据"应交税费"科目的期末贷方余额填列。如果"应交税费"科目期末为借方余额,则应以"-"号填列。

⑧"应付利息"项目,反映企业按照规定应当支付的利息,包括分期付息、到期还本的长期借款应支付的利息和企业发行的企业债券应支付的利息等。本项目应当根据"应付利息"科目的期末余额填列。

⑨“应付股利”项目,反映企业分配的现金股利或利润。企业分配的股票股利,不通过本项目列示。本项目应根据“应付股利”科目的期末余额填列。

⑩“其他应付款”项目,反映企业除应付票据、应付账款、预收款项、应付职工薪酬、应付股利、应付利息、应交税费等经营活动以外的其他各项应付、暂收的款项。本项目应根据“其他应付款”科目的期末余额填列。

⑪“一年内到期的非流动负债”项目,反映企业非流动负债中将于资产负债表日后1年内到期这一部分的金额,如将于1年内偿还的长期借款。本项目应根据有关科目的期末余额填列。

⑫“其他流动负债”项目,反映企业除短期借款、交易性金融负债、应付票据、应付账款、应付职工薪酬、应交税费等以外的其他流动负债。本项目应根据有关科目的期末余额填列。

⑬“长期借款”项目,反映企业从银行或其他金融机构借入的期限在1年以上(不含1年)的各项借款。本项目应根据“长期借款”科目的期末余额填列。

⑭“应付债券”项目,反映企业为筹集长期资金而发行的债券本金和利息。本项目应根据“应付债券”科目的期末余额填列。

⑮“长期应付款”项目,反映企业除长期借款和应付债券以外的其他各种长期应付款项。本项目应根据“长期应付款”科目的期末余额减去相应的“未确认融资费用”科目的期末余额后的金额填列。

⑯“专项应付款”项目,反映企业取得的政府作为企业所有者投入的具有专项或特定用途的款项。本项目应根据“专项应付款”科目的期末余额填列。

⑰“预计负债”项目,反映企业确认的对外提供担保、未决诉讼、产品质量保证、重组义务、亏损性合同等预计负债。本项目应根据“预计负债”科目的期末余额填列。

⑱“递延所得税负债”项目,反映企业确认的因应纳税暂时性差异而产生的所得税负债。本项目应根据“递延所得税负债”科目的期末余额填列。

⑲“其他非流动负债”项目,反映企业除长期借款、应付债券等项目以外的其他非流动负债。本项目应根据有关科目的期末余额填列。其他非流动负债项目应根据有关科目的期末余额减去将于1年内(含1年)到期偿还数后的余额填列。非流动负债各项目中将于1年内(含1年)到期的非流动负债,应在“一年内到期的非流动负债”项目内单独反映。

3. 所有者权益项目的列报说明

①“实收资本(或股本)”项目,反映企业各投资者实际投入的资本(或股本)总额。本项目应根据“实收资本”(或“股本”)科目的期末余额填列。

②“资本公积”项目,反映企业资本公积的期末余额。本项目应根据“资本公积”科目的期末余额填列。

③“库存股”项目,反映企业持有的尚未转让或注销的本公司股份金额。本项目应根据“库存股”科目的期末余额填列。

④“盈余公积”项目,反映企业盈余公积的期末余额。本项目应根据“盈余公积”科目的期末余额填列。

⑤“未分配利润”项目,反映企业尚未分配的利润。本项目应根据“本年利润”科目和“利润分配”科目的余额计算填列。未弥补的亏损在本项目内以“-”号填列。

（二）年初余额栏的列报方法

资产负债表"年初余额"栏内的各项数字，应根据上年末资产负债表的"期末余额"栏内所列数字填列。如果上年度资产负债表规定的各个项目的名称和内容同本年度不相一致，应对上年年末资产负债表各项目的名称和数字按照本年度的规定进行调整，填入表中"年初余额"栏内。

（三）期末余额栏的列报方法

资产负债表的"期末余额"栏内的各项数字，一般应根据资产、负债和所有者权益类科目的期末余额填列，主要包括以下几种方式。

① 根据总账科目余额填列。例如，"交易性金融资产"、"短期借款"、"应付票据"、"应付职工薪酬"等项目，应根据"交易性金融资产"、"短期借款"、"应付票据"、"应付职工薪酬"各总账科目的余额直接填列；有些项目则需根据几个总账科目的期末余额计算填列，如"货币资金"项目，需根据"库存现金"、"银行存款"、"其他货币资金"3 个总账科目的期末余额的合计数填列。

② 根据明细账科目余额计算填列。例如，"应付账款"项目，需要根据"应付账款"和"预付款项"2 个科目所属的相关明细科目的期末贷方余额计算填列；"应收账款"项目，需要根据"应收账款"和"预收款项"2 个科目所属的相关明细科目的期末借方余额计算填列。

③ 根据总账科目和明细账科目余额分析计算填列。例如，"长期借款"项目，需要根据"长期借款"总账科目余额扣除"长期借款"科目所属的明细科目中将在 1 年内到期且企业不能自主地将清偿义务展期的长期借款后的金额计算填列。

④ 根据有关科目余额减去其备抵科目余额后的净额填列。例如，资产负债表中的"应收票据"、"应收账款"、"长期股权投资"、"在建工程"等项目，应当根据"应收票据"、"应收账款"、"长期股权投资"、"在建工程"等科目的期末余额减去"坏账准备"、"长期股权投资减值准备"、"在建工程减值准备"等科目余额后的净额填列。"固定资产"项目，应当根据"固定资产"科目的期末余额减去"累计折旧"、"固定资产减值准备"备抵科目余额后的净额填列；"无形资产"项目，应当根据"无形资产"科目的期末余额减去"累计摊销"、"无形资产减值准备"备抵科目余额后的净额填列。

⑤ 综合运用上述填列方法分析填列。例如，资产负债表中的"存货"项目，需要根据"原材料"、"委托加工物资"、"周转材料"、"材料采购"、"在途物资"、"发出商品"、"材料成本差异"等总账科目的期末余额的分析汇总数，再减去"存货跌价准备"科目的余额后的净额填列。

任务设计及工作过程

甲公司2014 年11 月30 日总分类账户和所属明细分类账户的余额如表8. 1 和表8. 2 所示。

表 8.1　　总分类账户余额表

2014 年 11 月 30 日　　元

总账科目	借方金额	总账科目	贷方金额
库存现金	3 000	短期借款	100 000
银行存款	250 000	应付账款	100 000
其他货币资金	20 000	预收账款	50 000
交易性金融资产	80 000	其他应付款	10 000
应收账款	50 000	应付职工薪酬	40 000
预付账款	15 000	应交税费	100 000
其他应收款	10 000	应付利息	14 000
应收票据	60 000	长期借款	150 000
原材料	188 000	其中一年内到期的长期借款	10 000
生产成本	18 000	实收资本	800 000
库存商品	60 000	资本公积	60 000
低值易耗品	20 000	盈余公积	100 000
长期股权投资	300 000	利润分配	60 000
其中一年内到期数		本年利润	271 500
固定资产	800 000	坏账准备	10 000
无形资产	100 000	存货跌价准备	8 500
长期待摊费用		累计折旧	100 000
合　计	1 974 000	合　计	1 974 000

表 8.2　　明细分类账户余额表

2014 年 11 月 30 日　　元

账户名称	明细余额	
	借　方	贷　方
应收账款		
——A 厂	20 000	
——B 厂	60 000	
——C 厂		30 000
预付账款		
——D 厂	8 000	
——E 厂	10 000	
——F 厂		3 000

(续表)

账户名称	明细余额	
	借 方	贷 方
应付账款		
——G厂		60 000
——H厂		80 000
——I厂	40 000	
预收账款		
——J厂		40 000
——K厂		20 000
——L厂	10 000	

要求:根据上述资料,编制甲公司2014年11月30日的资产负债表。

1) 理解资产负债表的编制原理,掌握资产负债表的编制方法。

2) 根据任务资料,归纳分析整理相关账户余额,填入资产负债表,如表8.3所示。

表8.3 资产负债表

编制单位:甲公司 2014年11月30日 元

资 产	期末数	年初数	负债及所有者权益	期末数	年初数
流动资产			流动负债		
货币资金	273 000		短期借款	100 000	
交易性金融资产	80 000		交易性金融负债		
应收票据	60 000		应付票据		
应收账款	80 000		应付账款	143 000	
预付款项	58 000		预收款项	90 000	
应收利息			应付职工薪酬	40 000	
应收股利			应交税费	100 000	
其他应收款	10 000		应付利息	14 000	
存货	277 500		应付股利		
一年内到期的非流动资产			其他应付款	10 000	
其他流动资产			一年内到期的非流动负债	10 000	
流动资产合计	838 500		其他流动负债		
非流动资产			流动负债合计	507 000	
可供出售金融资产			非流动负债		
持有至到期投资			长期借款	140 000	

（续表）

资　产	期末数	年初数	负债及所有者权益	期末数	年初数
长期应收款			应付债券		
长期股权投资	300 000		长期应付款		
投资性房地产			专项应付款		
固定资产	700 000		预计负债		
在建工程			递延所得税负债		
工程物资			其他非流动负债		
固定资产清理			非流动负债合计	140 000	
生产性生物资产			负债合计	647 000	
油气资产			所有者权益		
无形资产	100 000		实收资本(或股本)	800 000	
开发支出			资本公积	60 000	
商誉			减:库存股		
长期待摊费用			盈余公积	100 000	
递延所得税资产			未分配利润	331 500	
其他非流动资产			所有者权益合计	1 291 500	
非流动资产合计	1 100 000				
资产总计	1 938 500		负债及所有者权益总计	1 938 500	

对表8.3中各项目的填写说明如下。

①“年初数”栏中的数字根据甲公司2013年12月份资产负债表中“期末数”栏中的数字直接填列。

②“货币资金”=库存现金+银行存款+其他货币资金
=3 000+250 000+20 000=273 000(元)

③“应收账款”=应收A厂账款+应收B厂账款+预收L厂账款-坏账准备
=20 000+60 000+10 000-10 000=80 000(元)

④“预付账款”=预付D厂账款+预付E厂账款+应付I厂账款
=8 000+10 000+40 000=58 000(元)

⑤“应付账款”=应付G厂账款+应付H厂账款+预付F厂账款
=60 000+80 000+3 000=143 000(元)

⑥“预收账款”=预收J厂账款+预收K厂账款+应收C厂账款
=40 000+20 000+30 000=90 000(元)

⑦“存货”=原材料+生产成本+库存商品+低值易耗品-存货跌价准备
=188 000+18 000+60 000+20 000=286 000(元)

⑧“固定资产”=固定资产-累计折旧=800 000-100 000=700 000(元)

⑨“长期借款”=长期借款-一年内到期数额=150 000-10 000=140 000(元)

⑩“未分配利润”=利润分配+本年利润=60 000+271 500=331 500(元)

⑪资产负债表其他各项目的数额可以按甲公司科目余额表的数据直接填列。

即问即答

在填制资产负债表的实训中,总是会发现一些同学编不平资产负债表。想一想,原因是什么?

说明

①《企业会计准则第30号——财务报表列报》规定资产负债表中的资产类至少应当单独列示反映下列信息的项目。

- 货币资金。
- 应收及预付款项。
- 交易性投资。
- 存货。
- 持有至到期投资。
- 长期股权投资。
- 投资性房地产。
- 固定资产。
- 生物资产。
- 递延所得税资产。
- 无形资产。

②《企业会准则第30号——财务报表列报》规定资产负债表中的负债类至少应当单独列示反映下列信息的项目。

- 短期借款。
- 应付及预收款项。
- 应交税金。
- 应付职工薪酬。
- 预计负债。
- 长期借款。
- 长期应付款。
- 应付债券。
- 递延所得税负债。

③《企业会计准则第30号——财务报表列报》规定资产负债表中的所有者权益类至少应当单独列示反映下列信息的项目。

- 实收资本(或股本)。
- 资本公积。
- 盈余公积。
- 未分配利润。

在合并资产负债表中,应当在所有者权益类账户单独列示少数股东权益。

项目三　编制利润表

任务描述

利润表是三大主表之一，是反映企业经营成果的报表，是企业每月都要提供的书面文件。学会编制利润表是会计人员必须学习的七大会计核算方法之一。本项目主要让学生理解利润表的概念和意义，熟知其格式和构成内容，掌握利润表编制的理论依据和编制方法，能编制一般的利润表。

教学准备

1. 根据项目的需要，给学生下发模拟编制利润表的实训资料。
2. 撰写教案、备课笔记，并制作本项目的课件。
3. 根据项目任务，选择讲授、演示与模拟实训相结合的方法。
4. 明确本项目的考核内容、考核要求及评价标准。

相关知识

一、利润表的概念和意义

（一）利润表的概念

利润表是指反映企业一定会计期间（年度、季度、月度）的经营成果的会计报表。

（二）利润表的意义

① 通过利润表，可以反映企业在一定会计期间收入的实现情况及成本费用的耗费情况。

② 通过利润表，可以反映企业生产经营活动的成果及净利润的实现情况，据此判断资本保值、增值等情况。

③ 反映企业的利润分配情况和资本保全情况。

④ 将本企业同期的资产负债表和利润表的相关指标进行结合分析，可以反映企业资金的周转情况及企业的盈利能力和水平，预测企业未来的发展趋势，以便做出决策。

二、利润表的样式

利润表是以“收入－费用＝利润”这一会计等式为理论基础编制的，它包括正表和补充资料两部分。

利润表的样式主要有多步式和单步式2种。

单步式是以垂直形式先将各项收益列示于表的上端，然后将各项成本费用损失列于其下，最后按收支差额一次性结出企业的净利润。单步式利润表便于会计报表阅读者理解，但是不能反映利润的形成过程。

多步式通过对当期的收入、费用、支出项目按其性质加以归类，按利润形成的主要环节列示一些中间性利润指标，分步计算当期净损益。同时，采用多步式列报利润表，将不同性质的收入和费用类别进行对比，从而可以得出一些中间性的利润数据，便于信息使用者理解企业经营成果的不同来源。

我国现行会计制度要求采用多步式利润表。

三、利润表的编制方法

（一）多步式利润表的主要编制步骤和内容

多步利润表中的利润是通过多步计算而来的，通常可分为以下几步。

1）计算营业利润。营业利润的计算公式如下。

营业利润＝营业收入－营业成本－营业税金及附加－销售费用－管理费用－财务费用－资产减值损失＋公允价值变动收益＋投资收益

式中，营业收入＝主营业务收入＋其他业务收入；营业成本＝主营业务成本＋其他业务成本。

2）计算利润总额。利润总额的计算公式如下。

利润总额＝营业利润＋营业外收入－营业外支出

3）计算净利润。净利润的计算公式如下。

净利润＝利润总额－所得税费用

4）计算每股收益。

普通股已经公开交易的企业，以及正处于公开发行普通股过程中的企业，还应当在利润表中列示每股收益信息。非上市公司没有此项目。

（二）利润表的编制方法

1. 利润表各项目的列报说明

①“营业收入”项目，反映企业因经营主要业务和其他业务所确认的收入总额。本项目应根据“主营业务收入”和“其他业务收入”科目的发生额分析填列。当年发生销售退回的，应以冲减销售退回主营业务收入后的金额填列。

②“营业成本”项目，反映企业因经营主要业务和其他业务所发生的成本总额。本项目应根据“主营业务成本”和“其他业务成本”科目的发生额分析填列。当年发生销售退回的，应按减去销售退回商品成本后的金额填列。

③“营业税金及附加”项目，反映企业经营业务应负担的消费税、营业税、城市建设维护税、资源税、土地增值税和教育费附加等。本项目应根据“营业税金及附加”科目的发生额分

析填列。

④“销售费用”项目,反映企业在销售商品过程中发生的包装费、广告费等费用和为销售本企业商品而专设的销售机构的职工薪酬、业务费等销售费用。本项目应根据“销售费用”科目的发生额分析填列。

⑤“管理费用”项目,反映企业为组织和管理生产经营而发生的管理费用。本项目应根据“管理费用”的发生额分析填列。

⑥“财务费用”项目,反映企业为筹集生产经营所需资金等而发生的筹资费用。本项目应根据“财务费用”科目的发生额分析填列。

⑦“资产减值损失”项目,反映企业各项资产发生的减值损失。本项目应根据“资产减值损失”科目的发生额分析填列。

⑧“公允价值变动收益”项目,反映企业应当计入当期损益的公允价值变动收益。本项目应根据“公允价值变动损益”科目的发生额分析填列。如为净损失,本项目则以“-”号填列。

⑨“投资收益”项目,反映企业以各种方式对外投资所取得的收益。本项目应根据“投资收益”科目的发生额分析填列。如为投资损失,本项目则以“-”号填列。

⑩“营业利润”项目,反映企业实现的营业利润。如为亏损,本项目则以“-”号填列。

⑪“营业外收入”项目,反映企业发生的与经营业务无直接关系的各项收入。本项目应根据“营业外收入”科目的发生额分析填列。

⑫“营业外支出”项目,反映企业发生的与经营业务无直接关系的各项支出。本项目应根据“营业外支出”科目的发生额分析填列。

⑬“利润总额”项目,反映企业实现的利润。如为亏损,本项目则以“-”号填列。

⑭“所得税费用”项目,反映企业应从当期利润总额中扣除的所得税费用。本项目应根据“所得税费用”科目的发生额分析填列。

⑮“净利润”项目,反映企业实现的净利润。如为亏损,本项目则以“-”填列。

⑯“基本每股收益”、“稀释每股收益”项目应根据每股收益的相关规定计算填列。

非上市公司没有此项目。

2. 上期金额栏的列报方法

利润表“上期金额”栏内的各项数字,应根据上年该期利润表“本期金额”栏内所列的数字填列。如果上年该期利润表规定的各个项目的名称和内容同本期不相一致,应对上年该期利润表各项目的名称和数字按本期的规定进行调整,填入利润表的“上期金额”栏内。

3. 本期金额栏的列报方法

利润表“本期金额”栏内的各项数字一般应根据损益类科目的发生额分析填列。

由于年终结账时,全年的收入和支出已全部转入“本年利润”科目,并且通过收支对比结出了本年净利润的数额。因此,应将年报中的“净利润”数字与“本年利润”科目结转到“利润分配——未分配利润”科目的数字相核对,检查报表编制和账簿记录的正确性。

任务设计及工作过程

甲公司2014年12月损益类账户发生额明细表如表8.4所示。

表8.4　　损益类账户发生额明细表

2014年12月　　元

账户名称	借方发生额	贷方发生额
主营业务收入		1 600 000
主营业务成本	700 000	
营业税金及附加	17 000	
其他业务收入		100 000
其他业务成本	65 000	
销售费用	160 000	
管理费用	200 000	
财务费用	32 000	
投资收益		110 000
营业外收入		10 000
营业外支出	9 000	
所得税	210 210	

要求:根据上述资料,编制甲公司2014年12月的利润表。

1)理解利润表的编制原理,掌握利润表的编制方法。

2)根据任务资料,计算相关利润指标,填入利润表,如表8.5所示。

表8.5　　利润表

编制单位:甲公司　　2014年12月　　元

项　目	本期金额	上期金额
一、营业收入	1 700 000	
减:营业成本	765 000	
营业税金及附加	17 000	
销售费用	160 000	
管理费用	200 000	
财务费用	32 000	
资产减值损失		
加:公允价值变动收益(损失以"-"号填列)		
投资收益(损失以"-"号填列)	110 000	
其中:对联营企业和合营企业的投资收益		
二、营业利润(亏损以"-"号填列)	636 000	
加:营业外收入	10 000	

（续表）

项　目	本期金额	上期金额
减：营业外支出	9 000	
其中：非流动资产处置损失		
三、利润总额(亏损以“-”号填列)	637 000	
减：所得税费用	210 210	
四、净利润(亏损以“-”号填列)	426 790	
五、每股收益		
（一）基本每股收益		
（二）稀释每股收益		

对表8.5中各项目的填写说明如下。

“营业收入”=1 600 000+100 000=1 700 000(元)

“营业成本”=700 000+65 000=765 000(元)

“营业利润”=1 700 000-765 000-17 000-160 000-200 000-32 000+110 000
=636 000(元)

“利润总额”=636 000+10 000-9 000=637 000(元)

“净利润”=637 000-210 210=426 790(元)

即问即答

某公司近几年经济效益一直不好。某月,公司董事长指示会计部门把账做得漂亮一些。会计部门虚拟了若干笔销售收入,从而使公司报表由亏变盈。对这件事,你是如何看待的?

说明

①《企业会计准则第30号——财务报表列报》规定费用应当按照功能分类,分为从事经营业务发生的成本、管理费用、销售费用和财务费用等。

②《企业会计准则第30号——财务报表列报》规定利润表至少应单独列示反映下列信息的项目。

- 营业收入。
- 营业成本。
- 营业税金。
- 管理费用。
- 销售费用。
- 财务费用。
- 投资收益。

- 公允价值变动损益。
- 资产减值损失。
- 非流动资产处置损益。
- 所得税费用。
- 净利润。

项目四 报送财务报告

任务描述

为了充分发挥财务会计报告的作用，各个企业单位在编制好财务报告后，应及时报送当地财政机关、开户银行、税务部门、证券监管部门、主管部门等，因此，熟悉财务报告报送的相关规定也是必要的。本项目主要是让学生熟记财务报告报送的相关规定。

教学准备

1. 根据项目的需要，给学生下发报送财务报告相关规定的练习题。
2. 撰写教案、备课笔记，并制作本项目的课件。
3. 根据项目任务，选择讲授与练习相结合的方法。
4. 明确本项目的考核内容、考核要求及评价标准。

相关知识

一、财务报告的装订及签章规定

《企业财务会计报告条例》规定，企业对外报送的财务报告应依次编定页数，加具封面，装订成册，并加盖公章。封面上应注明企业名称、企业统一代码、组织形式、地址、报表所属年度或月份、报出日期，并由企业负责人和主管会计工作负责人、会计机构负责人（会计主管人员）签名并盖章；设置有总会计师的企业，还应由总会计师签名并盖章；需要注册会计师行使监督验证职能的财务报告还需要由注册会计师签名并盖章。

二、财务报告的报送时间规定

按现行会计制度规定，企业应按月、按季、按半年、按年及时对外报送财务报告。月度财务报告应于月份终了后6天内报出，季度财务报告应于季度结束后15天内报出，半年度财务报告应于年度中期结束后60天内报出，年度财务报告应于年度终了后4个月内报出。

本单元小结

1. 财务报告是企业对外提供的反映企业财务状况、经营成果和现金流量等完整的经济信息。

2. 财务报表包括资产负债表、利润表、现金流量表、所有者权益变动表等。

3. 企业编制财务报告的主要目的就是为国家、企业管理当局、投资者、债权人等进行决策提供会计信息。

4. 编制的财务报告应当真实可靠，相关可比，全面完整，编报及时，便于理解。

第九单元
应用会计账务处理程序

学习目标

- 掌握账务处理程序的种类。
- 掌握3种账务处理程序的特点、核算要求、优缺点及适用范围。
- 掌握3种账务处理程序的步骤。
- 掌握科目汇总表和汇总记账凭证的编制方法。

引导案例

小王进入企业没多久，就熟悉了企业财务部门的整个核算流程。该企业采用的是传统的记账凭证账务处理程序，即对发生的每一笔经济业务，都要按照时间顺序填制记账凭证，然后根据记账凭证逐笔登记各种账簿，再进行账簿核对，最后根据核对无误的账簿记录编制财务报告。可是，在最近几年，随着企业规模的不断扩大，企业的业务量也逐步加大，财务部的人员几乎每天都要加班。因此，小王思考再三，向财务部经理提出了自己的想法：在这种账务处理程序下，对于这样一个经济业务活动繁多的企业，继续采用记账凭证账务处理程序，在人员不变的基础上，还能否如期保质保量地完成核算任务呢？能否在会计核算的某些环节做出改进？改进后的账务处理程序有何优缺点，适用于哪些企业？通过本单元的学习，我们将逐步解决这些问题。

项目一　账务处理程序的概念、意义和种类

一、账务处理程序的概念

从会计凭证到会计账簿，再由会计账簿最后到会计报表，都是通过一些特定的方式完成信息的传递和结合，并且这些特定的方式将会计凭证、会计账簿和会计报表形成了一个充满勾稽关系的有机整体。这些信息传递和结合的方式就是账务处理程序。

财务处理程序也称会计核算程序或会计核算形式，是指将会计凭证、会计账簿和会计报

表实现信息的传递和结合的技术组织方式，其中，以会计凭证及会计账簿的种类、格式和传递结合的方式为核心体现。

二、账务处理程序的意义

账务处理程序集中体现为会计凭证和会计账簿中总分类账的信息传递和结合，由于企业的活动性质和规模及管理模式都有差异，因此，不同会计主体选择适合本企业的账务处理程序是至关重要的。

① 选择合适的账务处理程序有利于减少不必要的繁杂工作，节省人力、物力，提高企业管理效率。

② 选择合适的账务处理程序能够正确、及时、完整地提供会计信息，以满足信息使用者的需要。

③ 选择合适的账务处理程序能减少不必要的工作，减少错误发生的可能，有助于提高会计信息质量。

在现代会计手段普遍使用的今天，由于会计电算化软件的广泛应用，因此账务处理的意义也发生了变化。这是因为会计电算化软件的账务数据源是相同的，由凭证输入数据后，各类账簿都按照一定程序提取所需数据，因此，原来的账务处理意义已经不复存在了。我们在这里学习账务处理程序，更多的是了解凭证、账簿、报表间数据传递的情况，由此更加清楚账务处理工作的实质所在。

三、账务处理程序的种类

经过长期的工作实践，账务处理程序为了适应不同会计主体，逐渐形成了多种模式，最具代表性的主要有以下 3 种。

① 记账凭证账务处理程序。

② 科目汇总表账务处理程序。

③ 汇总记账凭证账务处理程序。

这 3 种账务处理程序的最终目标相同，但又各有特点，可以适应不同企业类型的需要。

项目二　记账凭证账务处理程序

一、记账凭证账务处理程序的特点

记账凭证账务处理程序是指根据原始凭证或原始凭证汇总表填制记账凭证以后，直接根据记账凭证逐笔登记总分类账的一种账务处理程序。其特点是直接根据记账凭证逐笔登记总分类账。这是账务处理的最根本程序，其他账务处理程序都是在它的基础上演化而成的。

二、记账凭证账务处理程序中涉及的记账凭证和账簿

在记账凭证账务处理程序下,记账凭证采用专用凭证的收款凭证、付款凭证、转账凭证3种格式,也可以使用统一格式的记账凭证,即通用记账凭证。

账簿的开设为:日记账,包括现金日记账、银行存款日记账;分类账,包括总分类账、明细分类账,其中,现金日记账、银行存款日记账、总分类账采用的是三栏式账页的订本账簿,明细分类账根据所登记账户可使用三栏式账页、数量金额式账页、多栏式账页及其他特定账页的格式,形式上多为活页式,还有卡片式等。另外,企业可以根据自己的需要建立各类格式和各类形式的辅助账。

报表的设置主要体现为对外报表,包括资产负债表、利润表和现金流量表。内部报表可根据信息使用者的要求制定内容和格式,如费用表、成本表等。

三、记账凭证账务处理程序的工作步骤

记账凭证账务处理程序的工作步骤如图9.1所示。

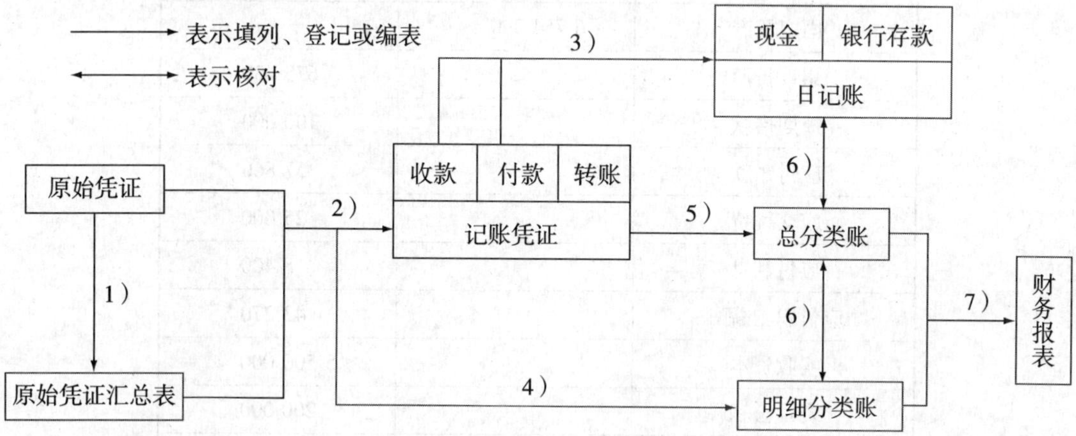

图9.1　记账凭证账务处理程序

1）根据原始凭证编制原始凭证汇总表。

2）根据原始凭证及原始凭证汇总表编制记账凭证（包括收款凭证、付款凭证和转账凭证）。

3）根据收款凭证、付款凭证,逐日、逐笔登记现金日记账、银行存款日记账（做到“日清月结”）。

4）根据记账凭证及其所附原始凭证或原始凭证汇总表逐笔登记各类明细分类账。

5）根据记账凭证逐笔登记总分类账。

6）月末,将各类明细账的期末余额合计分别与总分类账的相应账户期末余额进行核对。

7）期末,根据核对无误的总分类账和明细分类账编制财务报表。

四、记账凭证账务处理程序的优缺点及适用范围

记账凭证账务处理程序的优点是：根据记账凭证直接登记总分类账，程序简单，易掌握；逐笔登记总分类账，记录详细，反映清晰，便于核对和查账。

记账凭证账务处理程序的缺点是：登记账簿时工作量大，期末结账、对账不方便。记账凭证账务处理程序的适用范围是小型企业或业务量较小的企业和事业单位。

例 9-1　瑞临公司 2014 年 10 月 31 日总分类账的期末余额如表 9.1 所示。

表 9.1　　瑞临公司总分类账户余额　　元

账户名称	借方余额	贷方余额
库存现金	1 550	
银行存款	1 257 890	
应收账款	32 450	
原材料	123 570	
库存商品	432 160	
固定资产	6 754 390	
累计折旧		675 439
短期借款		100 000
应付账款		57 860
应交税费		25 000
应付利息		8 400
应付职工薪酬		43 270
实收资本		5 500 000
资本公积		200 000
盈余公积		128 760
本年利润		457 890
利润分配		1 405 391
合　计	8 602 010	8 602 010

瑞临公司 2014 年 10 月发生如下经济业务。

1）1 日，收到 A 公司以机器设备进行的投资，双方确认其价值为 500 000 元。

2）2 日，从 B 公司购入材料一批，价款 5 000 元，增值税 850 元，款项已用银行存款支付，材料已验收入库。

3）3 日，从银行借入 6 个月期限的贷款 150 000 元，转入银行账户。

4）4 日，从 C 公司购入材料一批，价款 8 000 元，增值税 1 360 元，材料已验收入库，货款及税金已用银行存款支付。

5）5 日,生产产品领用 4 000 元的材料,生产车间一般消耗领用 1 000 元的材料。

6）6 日,管理部门购买 400 元的办公用品,以现金支付。

7）7 日,从银行提取现金 43 270 元,用于备发工资。

8）8 日,以现金 43 270 元发放职工工资。

9）9 日,销售一批商品给 D 公司,价款 45 000 元,增值税 7 650 元,款项尚未收到。

10）10 日,收到 E 公司前欠货款 12 000 元,已存入银行。

11）11 日,销售一批商品给 F 公司,价款 40 000 元,增值税 6 800 元,款已收到,并存入银行。

12）12 日,以银行存款支付前欠 G 公司材料款 12 000 元。

13）13 日,以银行存款 3 000 元支付广告费。

14）15 日,以银行存款支付水电费,生产车间分摊水电费 5 000 元,管理部门分摊水电费 2 000 元。

15）18 日,以银行存款 3 000 元支付生产车间劳保防暑费。

16）20 日,计提本月应承担的借款利息 200 元。

17）30 日,计提本月固定资产折旧费 5 000 元,生产部门折旧费 3 000 元,管理部门折旧费 2 000 元。

18）31 日,计算本月职工工资,生产工人工资 30 000 元,管理人员工资 15 000 元。

19）31 日,结转制造费用。

20）31 日,本月投产产品全部完工入库。

21）31 日,结转本月主营业务成本 10 000 元。

22）31 日,将主营业务收入转入本年利润。

23）31 日,将主营业务成本、管理费用转入本年利润。

24）31 日,将财务费用、销售费用转入本年利润。

25）31 日,按 25% 的税率计算本月应交所得税。

26）31 日,将本月所得税转入本年利润。

第 1 步　根据上述发生的业务编制的记账凭证如表 9.2 至表 9.27 所示。

表 9.2

转账凭证

2014 年 10 月 01 日　　　　转字第 1 号

摘　要	总账科目	明细科目	借方金额										贷方金额									
			千	百	十	万	千	百	十	元	角	分	千	百	十	万	千	百	十	元	角	分
接受投资	固定资产	机器设备			5	0	0	0	0	0	0	0										
	实收资本														5	0	0	0	0	0	0	0
合　计				¥	5	0	0	0	0	0	0	0		¥	5	0	0	0	0	0	0	0

表9.3

付款凭证

贷方科目：银行存款　　2014年10月02日　　付字第1号

摘要	借方科目		金额									
	总账科目	明细科目	千	百	十	万	千	百	十	元	角	分
采购材料	原材料						5	0	0	0	0	0
	应交税费	应交增值税（进）						8	5	0	0	0
合计						¥	5	8	5	0	0	0

表9.4

收款凭证

借方科目：银行存款　　2014年10月03日　　收字第1号

摘要	贷方科目		金额									
	总账科目	明细科目	千	百	十	万	千	百	十	元	角	分
从银行借款	短期借款				1	5	0	0	0	0	0	0
合计				¥	1	5	0	0	0	0	0	0

表9.5

付款凭证

贷方科目：银行存款　　2014年10月04日　　付字第2号

摘要	借方科目		金额									
	总账科目	明细科目	千	百	十	万	千	百	十	元	角	分
采购材料	原材料						8	0	0	0	0	0
	应交税费	应交增值税（进）					1	3	6	0	0	0
合计						¥	9	3	6	0	0	0

表 9.6

转账凭证

2014 年 10 月 05 日　　　　转字第 2 号

摘 要	总账科目	明细科目	借方金额										贷方金额									
			千	百	十	万	千	百	十	元	角	分	千	百	十	万	千	百	十	元	角	分
生产领用材料	生产成本						4	0	0	0	0	0										
	制造费用						1	0	0	0	0	0										
	原材料																5	0	0	0	0	0
合 计						¥	5	0	0	0	0	0				¥	5	0	0	0	0	0

表 9.7

付款凭证

贷方科目：库存现金　　　　2014 年 10 月 06 日　　　　付字第 3 号

摘 要	借方科目		金 额									
	总账科目	明细科目	千	百	十	万	千	百	十	元	角	分
购买办公用品	管理费用							4	0	0	0	0
合 计							¥	4	0	0	0	0

表 9.8

付款凭证

贷方科目：银行存款　　　　2014 年 10 月 07 日　　　　付字第 4 号

摘 要	借方科目		金 额									
	总账科目	明细科目	千	百	十	万	千	百	十	元	角	分
提现	库存现金					4	3	2	7	0	0	0
合 计					¥	4	3	2	7	0	0	0

表 9.9

付款凭证

贷方科目：库存现金　　2014 年 10 月 08 日　　付字第 5 号

摘要	借方科目		金额									
	总账科目	明细科目	千	百	十	万	千	百	十	元	角	分
发放工资	应付职工薪酬					4	3	2	7	0	0	0
合计					¥	4	3	2	7	0	0	0

表 9.10

转账凭证

2014 年 10 月 09 日　　转字第 3 号

摘要	总账科目	明细科目	借方金额										贷方金额									
			千	百	十	万	千	百	十	元	角	分	千	百	十	万	千	百	十	元	角	分
销售商品	应收账款	D 公司				5	2	6	5	0	0	0										
	主营业务收入															4	5	0	0	0	0	0
	应交税费	应交增值税（销）															7	6	5	0	0	0
合计					¥	5	2	6	5	0	0	0			¥	5	2	6	5	0	0	0

表 9.11

收款凭证

借方科目：银行存款　　2014 年 10 月 10 日　　收字第 2 号

摘要	贷方科目		金额									
	总账科目	明细科目	千	百	十	万	千	百	十	元	角	分
收回 E 公司货款	应收账款	E 公司				1	2	0	0	0	0	0
合计					¥	1	2	0	0	0	0	0

表 9.12

收款凭证

借方科目:银行存款　　2014 年 10 月 11 日　　收字第 3 号

摘要	贷方科目		金额									
	总账科目	明细科目	千	百	十	万	千	百	十	元	角	分
销售商品	主营业务收入					4	0	0	0	0	0	0
	应交税费	应交增值税(销)					6	8	0	0	0	0
合计					¥	4	6	8	0	0	0	0

表 9.13

付款凭证

贷方科目:银行存款　　2014 年 10 月 12 日　　付字第 6 号

摘要	借方科目		金额									
	总账科目	明细科目	千	百	十	万	千	百	十	元	角	分
偿还前欠材料款	应付账款	G公司				1	2	0	0	0	0	0
合计					¥	1	2	0	0	0	0	0

表 9.14

付款凭证

贷方科目:银行存款　　2014 年 10 月 13 日　　付字第 7 号

摘要	借方科目		金额									
	总账科目	明细科目	千	百	十	万	千	百	十	元	角	分
支付广告费	销售费用						3	0	0	0	0	0
合计						¥	3	0	0	0	0	0

表 9.15

付款凭证

贷方科目:银行存款　　2014 年 10 月 15 日　　付字第 8 号

摘 要	借方科目		金 额									
	总账科目	明细科目	千	百	十	万	千	百	十	元	角	分
支付水电费	制造费用						5	0	0	0	0	0
	管理费用						2	0	0	0	0	0
合 计						¥	7	0	0	0	0	0

表 9.16

付款凭证

贷方科目:银行存款　　2014 年 10 月 18 日　　付字第 9 号

摘 要	借方科目		金 额									
	总账科目	明细科目	千	百	十	万	千	百	十	元	角	分
支付车间劳保防暑费	制造费用						3	0	0	0	0	0
合 计						¥	3	0	0	0	0	0

表 9.17

转账凭证

2014 年 10 月 20 日　　转字第 4 号

摘 要	总账科目	明细科目	借方金额										贷方金额									
			千	百	十	万	千	百	十	元	角	分	千	百	十	万	千	百	十	元	角	分
计提利息	财务费用							2	0	0	0	0										
	应付利息																	2	0	0	0	0
合 计							¥	2	0	0	0	0					¥	2	0	0	0	0

表 9.18

转账凭证

2014 年 10 月 30 日　　　　转字第 5 号

摘　要	总账科目	明细科目	借方金额										贷方金额									
			千	百	十	万	千	百	十	元	角	分	千	百	十	万	千	百	十	元	角	分
计提折旧	制造费用						3	0	0	0	0	0										
	管理费用						2	0	0	0	0	0										
	累计折旧																5	0	0	0	0	0
合　计						¥	5	0	0	0	0	0				¥	5	0	0	0	0	0

表 9.19

转账凭证

2014 年 10 月 31 日　　　　转字第 6 号

摘　要	总账科目	明细科目	借方金额										贷方金额									
			千	百	十	万	千	百	十	元	角	分	千	百	十	万	千	百	十	元	角	分
计提工资	制造费用					3	0	0	0	0	0	0										
	管理费用					1	5	0	0	0	0	0										
	应付职工薪酬															4	5	0	0	0	0	0
合　计					¥	4	5	0	0	0	0	0			¥	4	5	0	0	0	0	0

表 9.20

转账凭证

2014 年 10 月 31 日　　　　转字第 7 号

摘　要	总账科目	明细科目	借方金额										贷方金额									
			千	百	十	万	千	百	十	元	角	分	千	百	十	万	千	百	十	元	角	分
结转制造费用	生产成本					4	2	0	0	0	0	0										
	制造费用															4	2	0	0	0	0	0
合　计					¥	4	2	0	0	0	0	0			¥	4	2	0	0	0	0	0

表9.21

转账凭证

2014年10月31日　　　　转字第8号

摘要	总账科目	明细科目	借方金额										贷方金额									
			千	百	十	万	千	百	十	元	角	分	千	百	十	万	千	百	十	元	角	分
结转完工产品成本	库存商品					4	6	0	0	0	0	0										
	生产成本															4	6	0	0	0	0	0
合计					¥	4	6	0	0	0	0	0			¥	4	6	0	0	0	0	0

表9.22

转账凭证

2014年10月31日　　　　转字第9号

摘要	总账科目	明细科目	借方金额										贷方金额									
			千	百	十	万	千	百	十	元	角	分	千	百	十	万	千	百	十	元	角	分
结转销售成本	主营业务成本					1	0	0	0	0	0	0	0									
	库存商品															1	0	0	0	0	0	0
合计					¥	1	0	0	0	0	0	0			¥	1	0	0	0	0	0	0

表9.23

转账凭证

2014年10月31日　　　　转字第10号

摘要	总账科目	明细科目	借方金额										贷方金额									
			千	百	十	万	千	百	十	元	角	分	千	百	十	万	千	百	十	元	角	分
结转本年利润	主营业务收入					8	5	0	0	0	0	0										
	本年利润															8	5	0	0	0	0	0
合计					¥	8	5	0	0	0	0	0			¥	8	5	0	0	0	0	0

表 9.24

转账凭证

2014 年 10 月 31 日　　　　转字第 11 号

摘　要	总账科目	明细科目	借方金额										贷方金额									
			千	百	十	万	千	百	十	元	角	分	千	百	十	万	千	百	十	元	角	分
结转本年利润	本年利润					2	9	4	0	0	0	0										
	主营业务成本															1	0	0	0	0	0	0
	管理费用															1	9	4	0	0	0	0
合　计					¥	2	9	4	0	0	0	0			¥	2	9	4	0	0	0	0

表 9.25

转账凭证

2014 年 10 月 31 日　　　　转字第 12 号

摘　要	总账科目	明细科目	借方金额										贷方金额									
			千	百	十	万	千	百	十	元	角	分	千	百	十	万	千	百	十	元	角	分
结转本年利润	本年利润						3	2	0	0	0	0										
	财务费用																	2	0	0	0	0
	销售费用																3	0	0	0	0	0
合　计						¥	3	2	0	0	0	0				¥	3	2	0	0	0	0

表 9.26

转账凭证

2014 年 10 月 31 日　　　　转字第 13 号

摘　要	总账科目	明细科目	借方金额										贷方金额									
			千	百	十	万	千	百	十	元	角	分	千	百	十	万	千	百	十	元	角	分
计算所得税	所得税费用					1	3	1	0	0	0	0										
	应交税费	所得税														1	3	1	0	0	0	0
合　计					¥	1	3	1	0	0	0	0			¥	1	3	1	0	0	0	0

表 9.27

转账凭证

2014 年 10 月 31 日　　　　转字第 14 号

摘要	总账科目	明细科目	借方金额										贷方金额									
			千	百	十	万	千	百	十	元	角	分	千	百	十	万	千	百	十	元	角	分
所得税转入利润	本年利润					1	3	1	0	0	0	0										
	所得税费用															1	3	1	0	0	0	0
合　计					¥	1	3	1	0	0	0	0			¥	1	3	1	0	0	0	0

第 2 步　根据瑞临公司的业务和收、付款凭证，登记现金日记账和银行存款日记账，如表 9.28、表 9.29 所示。

表 9.28

现金日记账

元

日期		字号		摘　要	对方科目	借　方	贷　方	余　额	
10	1			期初余额				借	1550
	6	付	3	购买办公用品	管理费用		400	借	1150
	7	付	4	提现	银行存款	43270		借	44420
	8	付	5	发放工资	应付职工薪酬		43270	借	1150
	31			本月合计		43270	43670	借	1150

表 9.29

银行存款日记账

元

日期		字号		摘　要	对方科目	借　方	贷　方	余　额	
10	1			期初余额				借	1257890
	2	付	1	采购材料	原材料、应交税费		5850	借	1252040
	3	收	1	借款	短期借款	150000		借	1402040
	4	付	2	采购材料	原材料、应交税费		9360	借	1392680
	7	付	4	提现	库存现金		43270	借	1349410
	10	收	2	收回E公司货款	应收账款	12000		借	1361410
	11	收	3	销售商品	主营业务收入、应交税费	46800		借	1408210
	12	付	6	偿还前欠材料款	应付账款		12000	借	1396210
	13	付	7	支付广告费	销售费用		3000	借	1393210
	15	付	8	支付水电费	制造费用、管理费用		7000	借	1386210
	18	付	9	支付车间劳保防暑费	制造费用		3000	借	1383210
	31			本月合计		208800	83480	借	1383210

第 3 步　根据瑞临公司的业务和记账凭证，登记明细分类账，登记时按明细分类账户逐

笔登记。下面以“应收账款”明细分类账户为例进行明细账登记,如表 9.30 至表 9.34 所示。其他明细分类账从略。

表 9.30　瑞临公司 2013 年 10 月 31 日“应收账款”明细分类账户期末余额　元

总分类账户	明细分类账户	借方余额	贷方余额
应收账款	E 公司	12 000	
应收账款	K 公司	5 450	
应收账款	H 公司	15 000	
合　计		32 450	

表 9.31　应收账款明细账　E公司 子目

日期		字号		摘　要	借方/元	贷方/元		余额/元
10	1			期初余额			借	12000
	10	收	2	收回货款		12000	借	0
	31			本月合计	0	12000	平	0

表 9.32　应收账款明细账　K公司 子目

日期		字号		摘　要	借方/元	贷方/元		余额/元
10	1			期初余额			借	5450
	31			本月合计	0	0	借	5450

表 9.33　应收账款明细账　H公司 子目

日期		字号		摘　要	借方/元	贷方/元		余额/元
10	1			期初余额			借	15000
	31			本月合计	0	0	借	15000

表 9.34　应收账款明细账　D公司 子目

日期		字号		摘　要	借方/元	贷方/元		余额/元
10	1			期初余额			借	0
	9	转	3	销货款未收	52650		借	52650
	31			本月合计	52650	0	借	52650

第 4 步　瑞临公司使用记账凭证账务处理程序登记总分类账,登记时根据记账凭证按总分类账户逐笔登记,如表 9.35 至表 9.59 所示。

表 9.35　库存现金　元

日期		字号		摘要	借方	贷方		余额
10	1			期初余额			借	1550
	6	付	3	购买办公用品		400	借	1150
	7	付	4	提现	43270		借	44420
	8	付	5	发放工资		43270	借	1150
	31			本月合计	43270	43670	借	1150

表 9.36　银行存款　元

日期		字号		摘要	借方	贷方		余额
10	1			期初余额			借	1257890
	2	付	1	采购材料		5850	借	1252040
	3	收	1	借款	150000		借	1402040
	4	付	2	采购材料		9360	借	1392680
	7	付	4	提现		43270	借	1349410
	10	收	2	收回E公司货款	12000		借	1361410
	11	收	3	销售商品	46800		借	1408210
	12	付	6	偿还前欠材料款		12000	借	1396210
	13	付	7	支付广告费		3000	借	1393210
	15	付	8	支付水电费		7000	借	1386210
	18	付	9	支付车间劳保防暑费		3000	借	1383210
	31			本月合计	208800	83480	借	1383210

表 9.37　应收账款　元

日期		字号		摘要	借方	贷方		余额
10	1			期初余额			借	32450
	9	转	3	销售商品	52650		借	85100
	10	收	2	收回E公司货款		12000	借	73100
	31			本月合计	52650	12000	借	73100

表 9.38　原材料　元

日期		字号		摘要	借方	贷方		余额
10	1			期初余额			借	123570
	2	付	1	采购材料	5000		借	128570
	4	付	2	采购材料	8000		借	136570
	5	转	2	领用材料		5000	借	131570
	31			本月合计	13000	5000	借	131570

表 9.39

库存商品

元

日期		字号		摘要	借方	贷方		余额
10	1			期初余额			借	432160
	31	转	8	结转完工产品	46000		借	478169
	31	转	9	结转销售成本		10000	借	468160
	31			本月合计	46000	10000	借	468160

表 9.40

固定资产

元

日期		字号		摘要	借方	贷方		余额
10	1			期初余额			借	6754390
	1	转	1	接受投资	500000		借	7254390
	31			本月合计	500000	0	借	7254390

表 9.41

累计折旧

元

日期		字号		摘要	借方	贷方		余额
10	1			期初余额			贷	675439
	30	转	5	计提折旧		5000	贷	680439
	31			本月合计	0	5000	贷	680439

表 9.42

短期借款

元

日期		字号		摘要	借方	贷方		余额
10	1			期初余额			贷	100000
	3	收	1	采购材料		150000	贷	250000
	31			本月合计	0	150000	贷	250000

表 9.43

应付账款

元

日期		字号		摘要	借方	贷方		余额
10	1			期初余额			贷	57860
	12	付	6	偿还材料款	12000		贷	45860
	31			本月合计	12000	0	贷	45860

表 9.44

应交税费

元

日期		字号		摘要	借方	贷方		余额
10	1			期初余额			贷	25000
	2	付	1	增值税（进）	850		贷	24150
	4	付	2	增值税（进）	1360		贷	22790
	9	转	3	增值税（销）		7650	贷	30440
	11	收	3	增值税（销）		6800	贷	37240
	31	转	13	所得税		13100	贷	50340
	31			本月合计	2210	27550	贷	50340

表 9.45

应付利息

元

日期		字号		摘要	借方	贷方		余额
10	1			期初余额			贷	8400
	20	转	4	计提借款利息		200	贷	8600
	31			本月合计	0	200	贷	8600

表 9.46

应付职工薪酬

元

日期		字号		摘要	借方	贷方		余额
10	1			期初余额			贷	43270
	8	付	5	发放工资	43270		贷	0
	31	转	6	计提工资		45000	贷	45000
	31			本月合计	43270	45000	贷	45000

表 9.47

实收资本

元

日期		字号		摘要	借方	贷方		余额
10	1			期初余额			贷	5500000
	1	转	1	接受投资		500000	贷	6000000
	31			本月合计	0	500000	贷	6000000

表 9.48

资本公积

元

日期		字号		摘要	借方	贷方		余额
10	1			期初余额			贷	200000
	31			本月合计	0	0	贷	200000

表 9.49

盈余公积

元

日期		字号		摘要	借方	贷方		余额
10	1			期初余额			贷	128760
	31			本月合计	0	0	贷	128760

表 9.50

本年利润

元

日期		字号		摘要	借方	贷方		余额
10	1			期初余额			贷	457890
	31	转	10	收入转入利润		85000	贷	542890
	31	转	11	成本转入利润	29400		贷	513490
	31	转	12	费用转入利润	3200		贷	510290
	31	转	14	所得税转入利润	13100		贷	497190
	31			本月合计	45700	85000	贷	497190